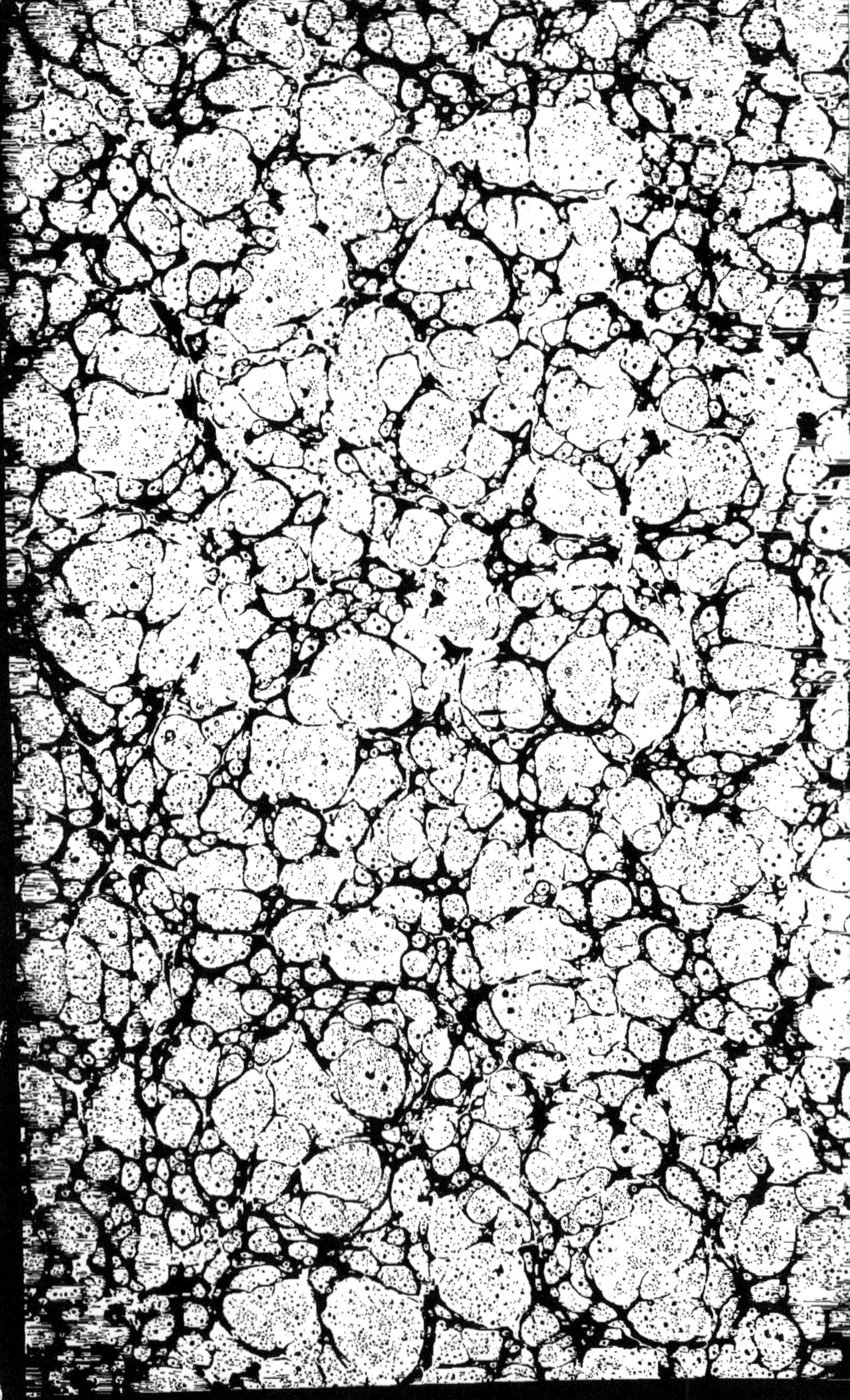

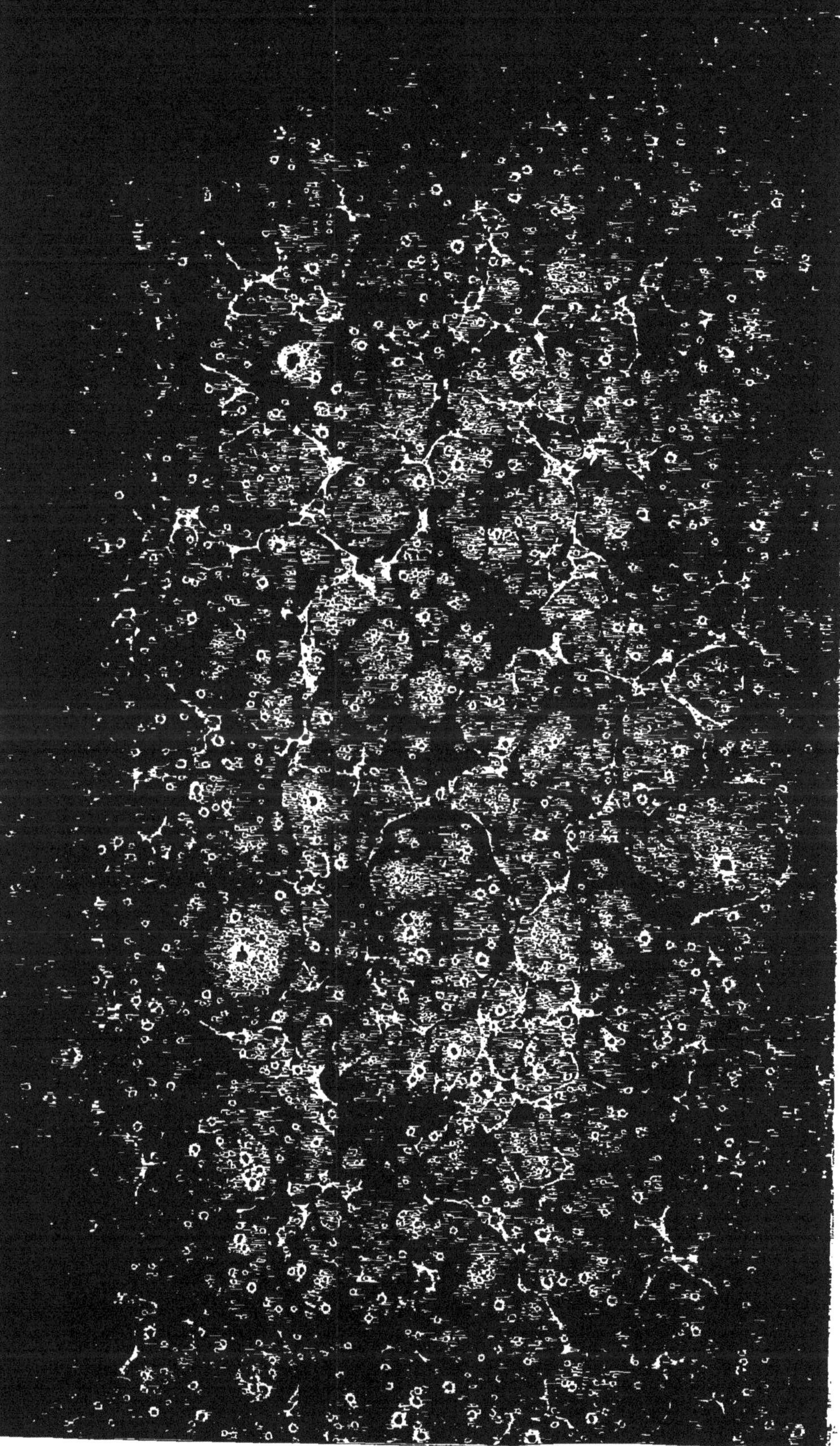

LES TEMPLIERS,

TRAGÉDIE EN CINQ ACTES.

Le Grand-Maître des Templiers.

LES TEMPLIERS,

TRAGÉDIE,

PAR M. RAYNOUARD;

Représentée pour la première fois sur le Théâtre Français par les Comédiens ordinaires de l'Empereur, le 24 floréal an XIII (14 mai 1805);

Précédée d'un précis historique sur les Templiers.

A PARIS,

CHEZ GIGUÉT ET MICHAUD, IMPRIM.-LIBRAIRES,

RUE DES BONS-ENFANTS, N°. 6.

AN XIII. — 1805.

EXTRAIT DU DÉCRET

Concernant les contrefacteurs et les débitans d'Éditions contrefaites.

Du 19 juillet 1793.

Art. IV. Tout Contrefacteur sera tenu de payer au véritable Propriétaire une somme équivalente au prix de trois mille exemplaires de l'Édition originale.

Art. V. Tout Débitant d'Édition contrefaite, s'il n'est pas reconnu Contrefacteur, sera tenu de payer au véritable Propriétaire une somme équivalente au prix de cinq cents exemplaires de l'Édition originale.

Deux exemplaires de cet Ouvrage ont été déposés à la Bibliothèque nationale. Les lois nous garantissant la propriété exclusive, nous traduirons devant les Tribunaux les Contrefacteurs, Distributeurs ou Debitans d'Éditions contrefaites.

DES TEMPLIERS.

Neuf des chevaliers français qui avaient suivi Godefroi de Bouillon à la conquête de la terre sainte, se consacrèrent à maintenir la sûreté des routes contre les attaques des infidèles, qui maltraitaient les pélerins que leur piété conduisait à Jérusalem (1).

Ces Français furent successivement renforcés par plusieurs autres guerriers. Cette milice généreuse parut bientôt avec gloire dans les champs de bataille, et forma l'ordre religieux et militaire des témpliers. Le concile de Troyes l'approuva ; une règle fut donnée aux chevaliers (2). On s'empressa d'accorder des encouragements et des récompenses à leur dévouement et à leurs succès.

---

(1) Voto se solemniter adstrinxerunt ad vias patriæ assecurandas. (*Marienne thes. anecd.* t. 3, p. 627.)

(2) Elle est insérée dans l'oüvrage de P. Chr. *Henriquez : privilegia ordinis Cistercensis.*

« Ils vivent, disait Saint-Bernard (1), sans
» avoir rien en propre, pas même leur volonté;
» ils sont, pour l'ordinaire, vêtus simple-
» ment et couverts de poussière; ils ont le
» visage brûlé des ardeurs du soleil, le re-
» gard fixe et sévère. A l'approche du com-
» bat, ils s'arment de foi au dedans et de fer
» au dehors; leurs armes sont leur unique
» parure, ils s'en servent avec courage dans
» les plus grands périls, sans craindre ni le
» nombre, ni la force des barbares. Toute
» leur confiance est dans le dieu des armées,
» et en combattant pour sa cause, ils cher-
» chent une victoire certaine ou une mort
» sainte et honorable.

» O l'heureux genre de vie, dans lequel
» on peut attendre la mort sans crainte, la
» désirer avec joie, et la recevoir avec assu-
» rance! »

Les statuts de l'ordre avaient pour bases
les vertus chrétiennes et militaires (2). Il
nous reste la formule du serment exigé des

______

(1) *D. Bernardi exhortatio ad milites Templi.*

(2) *In castitate, et obedientiâ, sine proprio, velle
perpetuò vivere professi sunt.*

Ut vias et itinera ad salutem peregrinorum, con-

templiers : elle fut trouvée en Aragon, dans les archives de l'abbaye d'Alcobaza.

« Je jure de consacrer mes discours, mes
» armes, mes forces et ma vie à la défense
» des mystères de la foi, et à celle de l'unité
» de Dieu, etc. Je promets aussi d'être sou-
» mis et obéissant au grand-maître de l'or-
» dre..... Toutes les fois qu'il en sera besoin,
» je passerai les mers pour aller combattre;
» je donnerai secours contre les rois et prin-
» ces infidèles, et en présence de trois en-
» nemis je ne fuirai point, mais quoique
» seul, je les combattrai, si ce sont des infi-
» dèles (1). »

---

tra latronum et incursantium insidias pro viribus conservarent. (*Guill. Tyr., liv.* 10, *ch.* 7.)

Militaturi summo regi. (*Jac. de Vitr. Hist. Hier. c.* 65.)

(1) Juroque me verbis, armis, viribus, et vitâ defensurum misteria fidei.... unitatem dei.... promitto submissionem generali magistro ordinis et obedientiam... ad bella ultra marina proficiscar, quoties opus fuerit. Contra reges et principes infideles præstabo omne subsidium... a tribus inimicis (si infideles fuerint) licèt solus, non fugiam. (*Henriquez, loco citato.*)

Leur étendard était appelé le *Baucéant* (1) : on y lisait ces paroles : *Non nobis, Domine, non nobis, sed nomini tuo da gloriam.* C'était après avoir assisté ou participé aux saints mystères, qu'ils marchaient au combat (2), précédés de l'étendard sacré, et quelquefois en récitant des prières.

Leur sceau portait cette inscription : *Sigillum militum Christi.*

L'histoire rappelle souvent la gloire et le dévouement de ces chevaliers.

---

(1) Vexillum bipartitum ex albo et nigro quod nominant *Beaucéant.* (*Jac. de Vitri.*)

En 1237, sous le magistère d'Armand de Périgord, le chevalier qui portait le beaucéant dans une action où les musulmans avaient l'avantage, tint cet étendard levé jusqu'à ce que les vainqueurs, à coups redoublés, eussent percé tout son corps et coupé ses mains.

Reginaldus de Argentonio, eâ die balcanifer.... cruentissimam de se reliquit hostibus victoriam. Indefessus vero vexillum sustinebat, donec tibia cum cruribus et manibus frangerentur.

        (*Math. Paris Hist. angl.* p. 503.)

(2) Divino cibo refecti ac satiati et dominicis præceptis eruditi et firmati, post mysterii divini consummationem nullus pavescat ad pugnam, sed paratus sit ad coronam.   (*Art.* 1 *de la règle.*)

Des témoignages authentiques prouvent que, fidèles à leur serment et à leur institution, ils respectaient les lois de la religion et de l'honneur.

Ce n'est point dans les ouvrages écrits depuis leurs malheurs, que l'homme impartial doit chercher quelles étaient les mœurs, la conduite et les opinions des templiers. Rarement des proscrits trouvent des apologistes courageux. C'est aux historiens contemporains de ces chevaliers, c'est aux témoins de leurs vertus et de leurs exploits qu'il faut s'adresser, et on doit surtout compter pour beaucoup les témoignages honorables des papes, des rois et des princes qui, peu de temps après, devinrent leurs oppresseurs.

Aucun historien contemporain n'avait jamais accusé ni même soupçonné les templiers d'être coupables des crimes qu'on leur imputa ensuite.

L'adage, *boire comme un templier*, n'a été imaginé qu'après l'abolition de l'ordre, et il ne prouve pas davantage contre eux que l'adage plus ancien, *bibere papaliter* (1),

______

(1) M. Baluze, à qui rien n'est échappé de ce qui

boire comme un pape, ne prouve contre les pontifes romains.

Les templiers ne furent jamais dénoncés par les troubadours, et l'on sait que les *sirventes* de ces poètes hardis ne faisaient point de grâce à la dépravation de leur siècle, et attaquaient impitoyablement le pape, le clergé, les princes et les grands.

Dans les quinze dernières années qui ont précédé la proscription de l'ordre, on voit les papes s'interposer en sa faveur auprès des rois d'Angleterre, d'Aragon et de Chypre.

Le concile de Salzbourg, tenu en 1292, avait proposé de réunir en un seul ordre les chevaliers templiers, hospitaliers et teutoniques.

Si les templiers n'avaient joui alors d'une réputation au moins égale à celle des autres chevaliers, aurait-on proposé de réunir ceux-

---

regarde les mœurs de ce temps là, a trouvé qu'alors on disait *bibere papaliter* ; mais on ne trouve dans aucun écrivain antérieur à la suppression du temple, *bibere templariter*. (*Mansuetus I.* t. 2 , p. 341.

ci à un ordre dégénéré ? Et puisque les templiers étaient à eux seuls plus puissants, plus nombreux et plus riches que les hospitaliers et les teutoniques, et devaient transmettre nécessairement aux incorporés leurs maximes et leurs mœurs, n'est-il pas évident que le concile de Salzbourg, qui proposait cette réunion, rendait un hommage solennel à l'ordre des templiers ?

Il fut en effet question de réunir les trois ordres. Ce projet donna lieu à un mémoire de Jacques de Molay au pape.

L'opinion générale est que cet illustre chevalier ne savait pas écrire, mais dans le mémoire qu'il fit rédiger, on remarque des principes de raison et de sagesse, dont le talent d'un homme instruit pourrait s'honorer.

Le grand-maître craint la discorde parmi les frères réunis : on les entendrait se dire les uns aux autres : « Nous valions mieux » que vous : dans notre premier état, nous » faisions plus de bien (1) ».

____

(1) Nos melius valebamus et plura faciebamus bona.

Il paraît que la règle et la conduite des templiers étaient plus sévères que celles des hospitaliers, puisque le grand-maître ajoute : « Il serait nécessaire que les templiers se re- » lâchassent de beaucoup, et que les hos- » pitaliers se réformassent en plusieurs » points (1) ».

En lisant ce mémoire sur la réunion des ordres, et celui sur les moyens de reconquérir la terre sainte, on reconnaît et on admire dans le grand-maître la franchise, la loyauté et le zèle d'un chevalier animé par la religion et par l'honneur, et qui, surtout, avait droit de traiter avec le pape et les souverains sur les intérêts de son ordre, sans craindre qu'on pût lui reprocher l'inconduite des chevaliers.

Aussi, avant de seconder les mesures violentes de Philippe-le-Bel, le pape ne put s'empêcher de lui témoigner que les accusations portées contre eux ne pouvaient que le surprendre.

---

(1) Multùm oporteret quod templarii largarentur vel hospitalarii restringerentur in pluribus.

(*Baluzius, vitâ pap. aven.* t. 2, p. 180.)

Le roi d'Angleterre rendit en faveur des templiers un témoignage encore plus honorable. Il écrivit aux rois de Portugal, de Castille, de Sicile et d'Arragon, pour les prier de ne pas ajouter foi aux calomnies qu'on répandait contre l'ordre (1).

Il écrivit aussi au pape : « Comme le » grand-maître et ses chevaliers, fidèles à » la pureté de la foi catholique, sont en » très grande considération et devant nous » et devant tous ceux de notre royaume, » tant par leur conduite que par leurs » mœurs ; je ne puis ajouter foi à des accu- » sations aussi suspectes, jusqu'à ce que » j'en obtienne une certitude entière (2) ».

Ce témoignage authentique et solennel

____

(1) Circulaire d'Edouard du 4 décembre 1307. (*Rymer, t. 3. ad ann.* 1307.)

(2) Et quia prædicti magister et fratres in fidei catholicæ puritate constantes à nobis et ab omnibus de regno nostro tam vitâ, quàm moribus habentur multipliciter commendati, non possumus hujus modi suspectis relatibus dare fidem, donec super iis nobis plenior innotuerit certitudo.　　(*Rymer ibid.*)

d'Édouard est d'autant plus précieux, que le grand-maître et les chevaliers français étaient alors dans les fers.

Il n'est pas nécessaire d'examiner les raisons politiques qui déterminèrent ensuite Édouard à faire arrêter les templiers en Angleterre. Il suffit de convaincre le lecteur impartial, qu'à l'époque de leur infortune les templiers jouissaient généralement de l'estime publique; que non - seulement aucun auteur contemporain, aucun ennemi, ni public, ni secret, ne les avait chargés des crimes dont on les a ensuite accusés, mais que les papes et les rois qui les ont fait condamner, rendaient hautement justice et à leur zèle pour la religion et à la pureté de leurs mœurs.

Les écrivains modernes qui ont adopté l'opinion que l'ordre des templiers était alors dégénéré, ne se sont peut-être pas souvenus que la plupart des chevaliers venaient de s'illustrer par de glorieux efforts contre les musulmans. Le grand-maître s'était trouvé avec ses chevaliers en 1299 à la reprise de Jérusalem; après les revers que les armes des chrétiens éprouvèrent encore, les templiers, retirés dans l'île d'Arad, inquiétèrent long-temps leurs ennemis. Trop faibles cependant pour résister à des armées nombreuses, le grand-maître et ses chevaliers furent réduits à se retirer dans l'île de Chypre, où ils se préparaient à la guerre contre les infidèles, quand le pape appela le grand-maître en France. Il arriva avec un cortège de soixante chevaliers vieillis dans les combats, éprouvés par l'adversité, toujours prêts à verser leur sang et à donner leur vie pour la gloire de l'ordre et la défense de la religion.

Peut-on dire de pareils chevaliers qu'ils passaient leur vie dans les plaisirs et dans l'intempérance ?

Tout à coup les templiers sont arrêtés en France, et poursuivis dans toute la chrétienté. On publie contre eux les accusations les plus graves, on les suppose coupables de crimes atroces contre la religion et les mœurs.

« Tous les historiens sont d'accord, dit
» Dupui, que l'origine de la ruine des tem-

» pliers vient du prieur de Montfaucon et
» de Noffodei, Florentin, banni de son pays,
» qu'aucuns tiennent avoir été templier.
» Ce prieur avait été, par jugement du grand-
» maître de l'ordre, condamné pour hérésie
» et pour avoir mené une vie infâme, à finir
» ses jours dans une prison : l'autre, disent-
» ils, avait été, par le prévôt de Paris, con-
» damné à de rigoureuses peines ».

Et c'est sur la dénonciation de ces deux
misérables, flétris par la justice, et dont
l'un avait été chassé de l'ordre pour crime
d'hérésie et déréglement de mœurs, qu'on
intente une pareille accusation contre l'ordre
entier !

Quelle étrange contradiction !

Si le grand-maître punissait solennellement
de tels crimes, pouvait - on supposer que la
constitution de l'ordre en fît une loi expresse
pour les chevaliers ?

Et si une affreuse corruption eût existé
dans l'ordre, aurait-on eu besoin d'attendre
que tous les chevaliers fussent jetés dans des
cachots, pour répandre contre eux cette
étrange et horrible calomnie ?

Avant de discuter en détail la nature de l'accusation, les procédures extraordinaires et irrégulières qui eurent lieu, les prétendues preuves que quelques historiens supposent en résulter, les motifs et les formes des jugemens de condamnation, il est nécessaire de présenter le tableau des oppressions que les chevaliers proscrits eurent à subir.

Le grand - maître était dans l'île de Chypre ; on l'appelle en France, sous prétexte de réunir son ordre à celui des hospitaliers.

Le 13 octobre 1307, ce grand - maître et cent trente - neuf chevaliers sont arrêtés dans le palais du Temple à Paris.

On s'empare de leurs biens et de leurs richesses.

Le roi occupe leur palais (1).

Le même jour, les autres chevaliers sont arrêtés dans toute la France.

Le roi publie un acte d'accusation qui les qualifie de *loups ravissants*, de *société perfide, idolâtre, dont les œuvres, dont les*

---

(1) Dupui.

paroles seules sont capables de souiller la terre, et d'infecter l'air, etc. (1).

Les habitants de Paris sont convoqués (2) dans le jardin du Roi. Toutes les communautés et paroisses de cette capitale s'y rassemblent ; des commissaires , des moines prêchent le peuple contre ces proscrits.

Ils étaient dans les fers. L'inquisiteur Guillaume de Paris, les interroge ; on les isole de tout conseil ; on laisse manquer du

______

(1) Quorum non solùm actus et opera detestanda , verùm etiam repentina verba terram suâ fœditate commaculant, roris beneficio subtrahunt, et aëris inficiunt puritatem.

(*Circulaire de Philippe-le-Bel, du* 14 *septembre* 1307.)

(2) Die dominicâ sequenti idus octobris, publicus sermo factus est in viridario regis ubi primò a fratribus , posteà a regis ministris causa captionis eorum intimata est, et prædicti casus tacti ; ne populus scandalisaretur de eorum subitâ captione. Erant quippe potentissimi divitiis et honore. In quo sermone fuerunt populus et clerus omnium parrochialium ecclesiarum parisiensium. (*Joan. canonic. Sti. Victoris.*)

nécessaire (1) ces guerriers qui, par leurs privilèges et leur fortune, marchaient naguère à côté des princes.

'On leur refuse les secours spirituels, sous prétexte qu'étant hérétiques, ils sont indignes d'y participer (2).

S'ils veulent remplir des formalités de justice, aucun notaire n'ose leur prêter son ministère (3).

Vingt-six princes ou grands de la cour de

---

(1) Nous vous prévenons, disaient-ils à l'autorité, que les douze deniers qu'on nous donne ne peuvent point nous suffire. Sur ces douze deniers on nous fait payer

Chaque jour pour coucher, 3 deniers.

Pour la cuisine, etc.

Pour FAIRE ÔTER LES FERS chaque fois qu'on nous fait paraître devant les commissaires et pour LES REMETTRE, 2 sols, etc. etc.

(2) Catalogue des manuscrits de Baluze, p. 525.

Le Grand-Maître demandait *quod posset audire missam et alia officia divina*. (*Dupui*, p. 130.)

(3) Quòd mittatis cum ipsis unum vel duos de notariis, qui de dicta appellatione faciant eis publicum instrumentum, cùm non INVENIANT NOTARIOS QUI VELLENT ire cum ipsis ad hoc faciendum.

(*Dupui*, p. 167.)

Philippe - le - Bel se déclarent leurs accusateurs.

De tout côté, les archevêques, évêques, abbés, princes, chapitres, communautés de villes, bourgs et châteaux envoient leur adhésion.

Le roi et le pape obtiennent de divers princes que les templiers subissent, dans la plupart des autres états de l'Europe, le même sort qu'en France.

Avant que les templiers soient jugés par les tribunaux, avant qu'ils le soient par le concile de Vienne, le pape lance une bulle d'excommunication contre toutes les personnes qui accorderaient aide, secours, retraite, ou conseil à ces infortunés (1).

---

(1) Nos enim omnes et singulos cujuscumque præeminentiæ sint, dignitatis, ordinis, conditionis, aut status, etiamsi pontificali præfulgeant dignitate, qui supra dictis templariis vel eorum alicui scienter publicè vel ocultè PRÆSTABUNT AUXILIUM, CONSILIUM VEL FAVOREM, vel aliàs, IPSOS VEL ALIQUOS IPSORUM RECEPTARE VEL RETINERE, aut eis ut præmittitur favere præsumpserint, auctoritate præsentium excommunicationis sententià innodamus...

Absolutionem prædictorum præterquam in mor-

On promet la vie, la liberté, la fortune aux chevaliers qui avoueront les crimes dont l'ordre est accusé.

Pour les y engager, on leur présente de prétendues lettres du grand-maître, par lesquelles ils sont invités à faire cet aveu (1).

Lorsqu'ils résistent à tous les genres de séduction, on les livre aux tortures; on leur arrache des aveux, et si, dans le repos de la douleur, ils se rétractent, on les juge hérétiques, relaps, et on les envoie à la mort, non pas pour avoir commis les crimes dont on les accuse, mais pour avoir révoqué leurs aveux.

---

tis articulo, ac relaxationem ipsius interdicti nobis nostrisque successoribus reservantes...

Si qui autem hoc attemptare præsumpserit, indignationem omnipotentis Dei et beatorum Petri et Pauli apostolorum ejus se noverit incursurum.

Datum Tolosæ, 3 kal. Januarii, pontificatûs nostri anno quarto.

(1) Copiam litterarum magni magistri quibus omnibus fratribus suis intimabat quod hæc et hæc fuerat confessus et quod idem confiterentur omnes.

(*Joan. canonic. Sti. Victoris.*)

(*Contin. de Guill. de Nangis.*)

La haine et l'animosité sont telles qu'on déterre et qu'on brûle les ossemens des templiers morts avant l'accusation (1).

La plupart des cent vingt-sept chefs d'accusation que le pape envoya aux commissaires apostoliques, aux inquisiteurs et aux évêques pour diriger les informations, paraîtront absurdes, invraisemblables, et même contradictoires.

Cette accusation suppose que lors de la réception des templiers, on leur faisait une loi expresse d'être impies dans leur croyance et dépravés dans leurs mœurs ; qu'ils reniaient Jésus-Christ ; qu'ils crachaient sur la croix, et souffraient des libertés scandaleuses.

Il serait à la fois superflu et affligeant d'entrer dans des détails à ce sujet.

Au lieu de flétrir la mémoire des persécuteurs des templiers, que ne puis-je rejeter sur l'esprit d'un siècle ignorant la honte et le succès d'une dénonciation absurde, et qui

---

(1) Ossa cujusdam dudùm defuncti scilicet M. Joannis de Thuro exhumata atque combusta.

(*Joan. canonic. Sti. Victoris.*)

peut-être n'a réussi alors que par son absurdité même !

Dans la foule des traits frappants qui
feraient juger de l'esprit du siècle, je cite-
rai l'accusation portée contre la mémoire
de Boniface VIII. Philippe-le-Bel ou ses
courtisans avaient offert de prouver que ce
pape s'était souillé des crimes les plus horribles et les plus détestables, qu'il était hé-
rétique, qu'il avait livré son âme au dé-
mon, etc. Les témoins avaient été entendus
juridiquement, et avaient attesté les faits
dénoncés. Il fallut que Clément V employât
beaucoup d'adresse, de fermeté et de res-
sources, pour éluder le scandale du jugement qui eût flétri la mémoire d'un pontife.

Guichard, évêque de Troyes, ne fut-il
pas accusé d'avoir causé, par sortilège, la
mort de la reine Jeanne de Navarre? A l'ex-
travagance de l'accusation succéda l'extra-
vagance de la preuve ; des témoins déposèrent qu'il était coupable (1).

A l'époque de la mort de Philippe-le-Bel,

____

(1) Fleuri, hist. ecclésiastique , liv. 92.

l'animosité et la vengeance obtinrent un grand succès contre Enguerrand de Marigni. On le poursuivit d'abord pour avoir dilapidé les finances. Le comte de Valois, qui voulait perdre Marigni, obtint qu'on arrêtât sa femme et sa sœur. Des témoins déposèrent qu'à la sollicitation de ce ministre, elles avaient employé un magicien, nommé Jacques de Lor, pour attenter à la vie du roi, en faisant de certaines opérations magiques par le moyen de figures de cire.

On mit en prison le prétendu magicien, qui se pendit de désespoir. Des témoins furent entendus; le crime parut prouvé; la femme du magicien fut brûlée comme complice, et Marigni fut condamné à être pendu, nonobstant sa qualité de gentilhomme et de chevalier.

Tel était le siècle où les templiers furent condamnés; tels étaient les moyens violents que les accusateurs étaient dans l'usage d'employer!

On pourrait donc attribuer aux malheurs des temps et à l'erreur du siècle, autant qu'aux passions de quelques hommes puissants, les vexations cruelles, les accusations

absurdes dont les templiers furent les victimes.

Les personnes qui auraient hésité de croire
que l'inquisiteur Guillaume de Paris ait procédé contre les templiers d'une manière
cruelle, pourraient-elles récuser les attestations des historiens, les plaintes des accusés, les assertions des juges, et surtout l'instruction que l'inquisiteur avait rédigée pour
ses commissaires (1)?

---

(1) Chest la forme, comment li commissaires iront
avant en besoigne.

. . . .

Esliront prudhommes puissans du pais sans soupçon, chevaliers, eschevins, consuls, et seront enformés de la besoigne secreement et par serment;
et comment li rois est de ce enformés par le pape et
par l'église.

Et tantost il seront envoié par cascun leu, pour
prendre les personnes et saisir leur biens, et orde-
ner de la garde.... et iront si enforciement, que li
frère et leur mesnie (*serviteurs*) ne puissent côn-
tester.

Et auront sergens aveuc eus, pour eus faire obeir.

Après ce, il metront les persones sous bone et
seure garde, singulierement à cascun par soi. Et en-
querront de eus premierement la verité; et puis ape-

Elle porte de choisir des gens sûrs, de les instruire en secret, d'exiger d'eux un serment, en leur annonçant que le roi est in-

---

leront les commissaires de l'inquisiteur, et examineront diligemment la vérité, et par jehine (*torture* où *question*) se mestier (*besoin*) est. Et se il confessent la verité, il feront écrire leur déposition, tesmoins apelés.

C'est la manière de l'enquerre. L'en les amonestera premierement des articles de la foi, et dira comment li papes et li rois sont enformé par pluiseurs temoins bien creables de l'ordre, de l'erreur et de la bougrerie, que il font especiaument en leur entrée et en leur profession. · · · · ·

Et leur prometeront pardon, se il confessent la verité, en retournant à la foi de la sainte église ; ou autrement il convient que il soient à mort condeimpné...

Et doivent li commissaires envoier au roi sus les seaux des commissaires de l'inquisiteur, le plus-tost qui il porront, la copie de la déposition de ceux qui confesseront lesdites erreurs, especiaument le reniément de notre Seigneur Jehsu-Crit.

(*Extrait des instructions données par l'inquisiteur Guillaume de Paris, imprimées dans l'ouvrage de Dupui, édition de Bruxelles, in-12, 1713, T. 2, p. 318, et in-4., 1751, p. 201.*)

formé des crimes de l'ordre par le pape et l'église, de saisir les biens et les personnes des templiers, de les emprisonner chacun à part, de les interroger, et d'employer la torture, s'il est besoin.

On devait offrir le pardon s'ils confessaient ce que l'inquisiteur appelait la vérité, et en cas de refus leur déclarer qu'ils séraient condamnés à mort.

L'inquisiteur indique ensuite les faits dont les commissaires ou la torture doivent obtenir l'aveu. Il recommande de ne rédiger les interrogats et de ne les envoyer au roi, qu'autant que les accusés se seront reconnus coupables.

Quelle procédure que celle qui commence par la torture ! Quels juges que ceux qui commencent par déclarer à l'accusé, que s'il n'avoue pas les crimes qui lui sont imputés, il est d'avance condamné à mort ! Quelle partialité que de rédiger seulement les réponses à la charge des accusés !

Et qu'on ne dise pas que ces instructions n'ont pas été exactement suivies.

Dupui raconte l'interrogatoire de treize templiers de Caen (1).

« Le dernier desdits témoins ne voulant » rien confesser, *fut mis à la question,* etc. »

Divers historiens contemporains parlent des tortures que subirent les templiers (2).

Ils n'en furent pas même exempts en Arragon, où on n'osa les condamner. (3).

En Angleterre, le concile de Londres décida que si après les avoir interrogés de nouveau, ils persistaient dans leurs dénéga-

----

(1) Dupui.

(2) Plurimi autem ipsorum confiteri minimè voluerunt quamvis non nulli ipsorum subjecti fuerint *quæstionibus et tormentis.* (*Vita Clementis V.* Auct. Bernardo *Guidonis.*

Alii autem diversis *tormentis quæstionati,* seu comminatione vel eorum aspectu perterriti, alii blandis tracti promissionibus et illecti : alii arctâ carceris inediâ cruciati vel coacti, multipliciterque compulsi sunt. (*Contin. de Guill. de Nangis.*)

(3) Le concile de Tarragone, tenu en 1312, parle ainsi des Templiers qu'il jugea : Neque enim tam culpabiles inventi, ac fama ferebat; quamvis *tormentis* adacti fuissent ad confessionem criminum.

tions, ils seraient mis à la question, et qu'elle serait donnée de manière qu'il n'y eût pas mutilation incurable de quelque membre, ni violente effusion de sang (1).

Les cris de l'indignation, les plaintes de la douleur ont traversé le silence des siècles, et sont encore entendus par la postérité. Ceux des templiers qui eurent la vertu courageuse de défendre l'ordre devant les commissaires du pape leur reprochèrent sans cesse que c'était surtout par la crainte ou par l'effet de la torture que l'inquisiteur s'était procuré les aveux dont on se prévalait contre l'ordre.

Toutes ces autorités irrécusables ne permettent plus de douter que le moyen cruel et irrégulier de la torture préliminaire n'ait été employé contre ces proscrits.

Il serait inutile et fastidieux d'examiner

____

(1) Et si... nihil aliud quam prius vellent confiteri, quod ex tunc *quæstionarentur*. Ita quod quæstiones illæ fierent absque mutilatione et debilitatione perpetuâ alicujus membri et sine violentâ sanguinis effusione. (*Rymer*, *t.* 3, *p.* 227.)

des divers interrogatoires qui eurent lieu en France; mais je dois faire quelques observations sur celui des cent quarante détenus au Temple.

Cet interrogatoire, dont Dupui avait donné la notice, est écrit sur un immense rouleau de parchemin, dans la forme d'un *procès littératoire*. Il est évident qu'il a été rédigé hors de la présence des accusés, sur les notes successivement prises dans les diverses séances. On reconnaît, dans ce manuscrit, tous les caractères d'authenticité matérielle qu'on exige pour les titres de ce temps là; mais, quant à l'authenticité morale, il est peut-être permis d'élever de grands doutes.

Il est très-probable que plusieurs chevaliers, séduits par les promesses, épouvantés par les menaces, ou vaincus par les tortures, firent des aveux; mais ces aveux, obtenus par la séduction ou arrachés par la douleur, aggravent le crime et l'opprobre des accusateurs.

L'interrogatoire suppose que cent trente-sept chevaliers firent des aveux, peut-être il paraîtra évident que, dans le nombre des cent quarante interrogés, il s'en trouva plus de trois qui résistèrent à la séduction, aux menaces et à la torture.

Lorsqu'il fut permis à ceux des templiers qui voulaient défendre l'ordre de paraître devant les commissaires du pape, soixante-quinze se présentèrent; dans ce nombre, j'en compte au moins treize (1) des cent trente-sept, qui sont supposés être, lors de cet interrogatoire, convenus des crimes imputés à l'ordre.

Pierre de Boulogne, prêtre et procureur-général de l'ordre, âgé de quarante-quatre ans, portait la parole (2).

D'après la rédaction de l'interrogatoire, il paraît avoir fait des aveux (3).

Cependant, il défendit l'ordre avec la plus grande véhémence : il dénonça devant les commissaires la séduction et les tortures qu'on avait employées pour obtenir de quelques chevaliers, des aveux mensongers,

______

(1) Ces treize chevaliers sont les 7.e, 11.e, 30.e, 38.e, 45.e, 59.e, 67.e, 75.e, 100.e, 101.e, 121.e, 127.e, 130.e.

(2) Voyez *les Pièces justificatives.*

(3) Voyez son interrogatoire, parmi les *Pièces justificatives.*

Si ces treize défenseurs de l'ordre, et notamment Pierre de Boulogne, qui mettaient tant de zèle et de courage dans leurs assertions, eussent véritablement avoué devant l'inquisiteur les crimes horribles imputés à l'ordre, les commissaires, que l'énergie de cette défense devait à la fois humilier et indigner, eussent-ils manqué de leur objecter qu'ils étaient eux-mêmes convenus de la vérité des crimes dont ils voulaient justifier tous les chevaliers?

Les expressions mêmes de cette défense prouvent évidemment que ces treize templiers n'avaient encore fait aucun aveu, puisqu'ils disent expressément que si les chevaliers qui en ont fait ne les rétractent pas, c'est parce qu'ils sont tellement accablés de terreur, qu'ils n'osent se rétracter, à cause des menaces qu'on leur fait chaque jour; et ils demandent que ces infortunés puissent, sans péril, rendre hommage à la vérité.

Clément V avait regardé comme un outrage fait à son autorité les actes arbitraires qu'on s'était permis contre eux. Il prétendait que c'était à lui seul de les juger et de les punir.

Il exigea donc que les templiers fussent poursuivis en son nom. Il délégua des commissaires apostoliques, pour prendre une information contre l'ordre.

On avait eu soin de conduire, et de lui présenter, à Poitiers, soixante-douze chevaliers, pour confesser les crimes dont on exigeait l'aveu.

Quoique un historien contemporain rapporte (1) que les templiers interrogés par le pape, ne cédèrent qu'à la torture, quoique cette forme cruelle de procéder n'eût peut-être rien d'extraordinaire dans le temps, je préfère d'admettre qu'on présenta seulement au pape des chevaliers qui, ayant déjà cédé à la douleur ou à la séduction, espéraient qu'à la faveur de leur aveu, ils obtiendraient la vie et la liberté.

Le sort de ces infortunés était si affreux, que l'histoire atteste que plusieurs étaient

---

(1) Ad quæ prædicta aliqui ex eo ordine cœperunt trepidare et ex *tormentis* coram summo pontifice et rege prædicto confessi sunt. (*Chronicon Astense* , *script. rer. ital.* , *t.* 12 , *p.* 192.)

3..

morts de faim, et que le désespoir en avait porté d'autres à se détruire. (1)

Il eût été très important que Jacques de Molay parût devant le pape, qui se réservait le droit de prononcer sur le sort de ce chef de l'ordre, et de quelques autres. Sans anticiper sur les détails relatifs au grand-maître, je dois remarquer qu'on éluda cette entrevue qui aurait pu jeter un si grand jour sur l'affaire : on nomma des commissaires pour interroger à Chinon, le grand - maître et d'autres chefs de l'ordre.

Il est évident qu'on ne voulut présenter au pape que quelques chevaliers dont on fût très sûr, c'est-à-dire, les mêmes qui, apostats de l'ordre, servirent de témoins contre lui, dans cette fameuse information que j'aurai bientôt occasion d'apprécier.

On ne connaît ni les noms, ni les aveux de ces soixante-douze templiers que le pape dit avoir interrogés. Aucun procès-verbal

---

(1) Quidam in ipso templo, ut fama proferebat, plures mortuos fuisse, præ inediâ, vel cordis tristitiâ vel ex desperato suspendio periisse. (*Joann. can. Sti. Victoris.*)

ne fut rédigé ; il n'existe, à cet égard, que l'assertion du pape. Les agents de Philippe-le-Bel voulaient seulement fournir au pontife des motifs ou des prétextes contre l'ordre ; ils y réussirent.

Des commissaires apostoliques se rendirent à Paris, et prirent cette fameuse information composée de deux cent trente - un témoins.

Cette information fut produite et lue devant les pères du concile de Vienne. Elle ne leur parut pas offrir des preuves capables de les déterminer à prononcer l'abolition de l'ordre ; et en effet il suffit de quelques observations pour démontrer qu'elle ne mérite pas que l'impartialité du juge ou de l'historien lui accorde la moindre croyance.

La plupart des deux cent trente - un témoins attestent, il est vrai, les prétendus crimes imputés à l'ordre.

L'invraisemblance, l'absurdité, la contradiction de ces prétendus crimes suffiraient pour faire rejeter cette information ; que sera-ce quand on saura de quels témoignages elle était composée ?

Les commissaires apostoliques entendirent en témoins les templiers apostats qui avaient changé leurs rôles d'accusés en celui de dénonciateurs de l'ordre.

. Ainsi plusieurs des cent quarante interrogés au Temple, qui par séduction ou par crainte avaient fait des aveux, et qui n'avaient pas la volonté ou le courage de les rétracter, furent entendus en témoins. (1)

---

(1) *Les accusés répondant dans l'interrogatoire du Temple, sous les n^{os}.* — *Déposent comme témoins dans l'information, sous les n^{os}.*

Les accusés répondant dans l'interrogatoire du Temple, sous les nᵒˢ.	Déposent comme témoins dans l'information, sous les nᵒˢ.
Nᵒ. 70	Nᵒ. 18
88	41
4	46
3	47
2	70
121	73
61	75
58	77
72	73
112	83
130	85
110	86
87	87
78	88
5	89
48	92
127	97
128	101
29	103
38	105
92	117
139	120
101	133
2	163
44	192
etc. etc.	etc. etc.

Ainsi l'on appela de divers lieux les templiers qui, pour sauver leur vie et obtenir leur liberté, avaient cédé aux promesses, aux menaces ou aux tortures.

En rassemblant leurs témoignages suspects et intéressés, on composa cette information.

C'est pour la première fois, peut-être, qu'on a vu des accusés qui obtenaient leur grace à la faveur de leurs aveux, reparaître ensuite comme dénonciateurs et témoins contre leurs co-accusés.

La très grande partie de ces deux cent trente-un témoins est donc composée de templiers apostats qui, ayant quitté (1) le manteau de l'ordre, avaient été absous par des conciles, et réconciliés avec l'église pour prix de leurs lâches aveux.

Quelques dépositions sont en faveur de l'ordre, c'est-à-dire, qu'elles attestent que lors des réceptions il ne se passait rien que de conforme aux lois de la religion et de l'honneur.

Enfin quelques autres dépositions de té-

______

(1) Non deferens mantellum ordinis quia voluntariè ipsum dimiserat.

moins étrangers à l'ordre, ne pouvant pas donner des renseignements directs et certains sur le secret du mode de réception, ne méritent aucun égard.

Les pères du concile de Vienne ne firent qu'un acte de justice, en refusant leur assentiment aux prétendues preuves résultantes de cette information.

Au surplus, ils n'ignoraient pas que tous ces apostats rassemblés pour déposer contre l'ordre, n'étaient que le très petit nombre des chevaliers, (1) et que les autres suppor-

---

(1) On lit dans une bulle de Clément V à Philippe-le-Bel, datée d'Avignon 2 *nonas maii, Pontificatûs quarto anno*, que le roi avait témoigné au pape que le retard qu'éprouvait l'affaire des templiers pouvait occasionner de tristes et dangereux effets, puisqu'il avait déjà causé de très grands maux. « Plusieurs des templiers, disait le roi, » qui avaient d'eux mêmes avoué qu'ils étaient coupables, voyant l'affaire traîner en longueur, tombent dans le désespoir, se méfient du pardon: » d'autres au contraire rétractent leurs aveux : ces retards excitent les murmures du peuple contre votre » grandeur et contre moi-même. Il dit que nous ne » nous soucions ni vous ni moi de cette affaire;

taient leur sort plutôt que de trahir leurs
serments et démentir leur vertu. (1)

Ils n'ignoraient pas que cette grande majorité n'avait pas été interrogée, et avait seu-

------

» mais que nous en voulons seulement aux biens
» que les templiers possédaient. »

Multi enim templariorum ipsorum qui reatum
eorum fuerant sponte confessi, intuentes sic ipsum
differi negotium, ad desperationem deducti, de misericordiâ ecclesiæ diffidebant ; alii verò revocabant
confessiones easdem et in errores pristinos recide-
bant, quodque propter moras et dilationes præfatas
contra nos et tuam magnitudinem populus clamabat
et etiam murmurabat dicens quòd nec nobis neque
tibi de negotio hujusmodi erat curæ, sed de prædâ
bonorum quæ templarii possidebant.

(*Bulle inédite de Clément V à Philippe-le-
Bel, datée : Avenioni 2 nonas maii, pontificatûs IV anno. Elle se trouve cottée N°. 19, dans le
carton des* TEMPLIERS, *N°. 3, au trésor des
chartres.*)

Il fallut donc rassurer les lâches qui avaient fait
volontairement des aveux : on leur donna la liberté ;
ils renoncèrent à l'ordre et servirent de témoins
contre lui.

(1) Majori et saniori parti viventium pro ipsâ
veritate sustinendâ, solâ urgente conscientiâ. (*Défense des* 75.)

lement été admise à donner ses défenses, par la bouche des soixante-quinze qui comparurent pour l'ordre, et qui parlèrent au nom de cette immense majorité, par-devant les commissaires apostoliques.

Les dépositions contenues dans cette information prise par les délégués du pape, ne sauraient donc être considérées comme formant preuve contre les templiers.

La raison, la loi, l'équité s'accordent à rejeter des dépositions aussi suspectes et aussi intéressées.

On conçoit comment les mêmes individus ont fait des aveux lors de l'interrogatoire du temple, ont été choisis pour paraître devant le pape, et ont ensuite déposé contre l'ordre, par-devant les commissaires apostoliques.

Au reste sur quoi portaient toutes ces dépositions?

Elles portaient seulement, ainsi que l'attestent les commissaires eux-mêmes sur le mode de réception, lorsqu'un chevalier entrait dans l'ordre.

C'était le même aveu qu'on exigeait partout, et il ne fut pas difficile de l'obtenir.

Les commissaires se décidèrent à clore l'information :

« Considérant, disent-ils, que par l'attes-
» tation de deux cent trente-un témoins, dont
» quelques-uns déposent des réceptions fai-
» tes outre-mer, et des autres témoins enten-
» dus dans les diverses parties du monde,
» contre l'ordre et en sa faveur; en outre par
» les aveux des soixante-douze qui avaient
» comparu devant le pape et les cardinaux,
» on est suffisamment instruit, etc. » (1)

Voilà donc à quoi se réduit cette information, que les ennemis des templiers ont pré-
sentée comme une preuve irréfragable de
leurs crimes et de leurs désordres.

Nul doute que, s'agissant des cérémonies
de leur réception, auxquelles les étrangers

______

(1) Considerantes quòd per attestationes ducen-
torum triginta et unius testium per quorum aliquos
deponebatur de receptionibus factis ultra mare in
præsenti inquisitione, et aliorum in diversis mundi
partibus examinatorum contra ordinem et pro ipso,
unà cum septuaginta duobus examinatis per dictum
dominum papam et aliquos dominos cardinales in
regno Franciæ, poterant reperiri ea quæ reperiren-
tur per plures etc. (*Dupui p.* 172.)

n'étaient point admis, les dépositions des témoins qui n'avaient pas été templiers, né
pouvaient avoir aucune influence, puisqu'ils
parlaient tout au plus d'après des ouï-dire.

Nul doute que les apostats de l'ordre ne
pouvaient pas porter valablement témoignage
contre lui. Ils étaient évidemment suspects;
la turpitude de leur conduite, l'intérêt per-
sonnel et urgent qu'ils avaient à faire déclarer l'ordre coupable, eussent fait rejeter leur
témoignage par-devant tous les tribunaux
de justice, et à plus forte raison par-devant
ceux de l'histoire et de la postérité.

Opposera-t-on que, s'agissant d'un crime
clandestin, on ne pouvait en fournir la preuve
par des témoins étrangers à l'ordre; et qu'a-
lors ces témoins apostats devenaient des témoins nécessaires?

Si, par des actes extérieurs et publics
d'impiété, si, par le scandale de leurs mœurs,
les chevaliers avaient permis de soupçonner
l'existence de ce statut horrible et invraisemblable; si l'on avait découvert, d'ailleurs,
quelque preuve ou indice de ces statuts,
alors, peut-être, la justice aurait pu admettre les dépositions des templiers apostats, et

croire qu'il existait dans l'ordre un statut criminel et secret; ce statut eût paru vraisemblable et presque prouvé par les effets de la conduite impie et dissolue des chevaliers, qui en eût semblé la conséquence.

Mais quand on n'articule aucun fait extérieur et public qui permette de justes soupçons; quand la conduite des chefs de l'ordre et même des chevaliers, se trouve justifiée par les attestations les plus honorables, par celles même des papes et des rois qui les ont ensuite persécutés, comment oserait-on appeler témoins nécessaires les apostats de l'ordre, et soutenir, d'après leurs dépositions, qu'un pareil statut ait existé, sans motifs, sans intérêt, sans utilité pour l'ordre, ni pour les chefs, ni pour les chevaliers, qu'il eût gratuitement avilis à leurs propres yeux, et à ceux de l'ordre entier!

Et quel doute pourrait tenir contre l'assertion noble et courageuse de ces braves chevaliers qui, du fond de leur prison, fidèles à leurs serments, à la vertu, à la vérité, osèrent, au nombre de soixante-quinze, se porter pour défenseurs de l'ordre opprimé, et parlèrent au nom d'une immense majorité (1)?

De pareils témoignages, qui furent punis par un supplice cruel, ne doivent-ils pas prévaloir contre les dénonciations viles et intéressées des apostats, qui rachetèrent leur vie par leur déshonneur? La défense des soixante-quinze ne fut pas écoutée par les juges du temps; mais elle le sera par l'impartiale postérité; il suffit de la transcrire ou de l'abréger. Je me reprocherais d'ajouter le moindre ornement à son éloquente simplicité, et peut-être l'essayerais-je en vain.

« Les formes légales (2), disaient-ils, ont
» été violées envers nous.

» On nous a arrêtés sans procédure préa-
» lable.

» Nous avons été saisis comme des brebis
» qu'on mène à la boucherie.

» Dépossédés tout à coup de nos biens,
» nous avons été jetés dans des prisons af-
» freuses.

––––––––––––––––

(1) Entre autres, trois cent quarante chevaliers étaient détenus dans dix-neuf maisons d'arrêt à Paris.

(2) *Processus contra templarios.*

« On nous a fait subir les épreuves cruelles
» de divers genres de tourments.

» Un très grand nombre de chevaliers
» sont morts dans les tortures, ou des suites
» de ces tortures.

» Plusieurs ont été forcés de porter contre
» eux-mêmes un faux témoignage, qui, ar-
» raché par la douleur, n'a pu nuire ni à
» eux ni à l'ordre.

» Pour obtenir des aveux mensongers, on
» leur présentait des lettres du roi qui an-
» nonçaient que l'ordre entier était con-
» damné sans retour, et qu'il promettait la
» vie, la liberté, la fortune aux chevaliers
» assez lâches pour déposer contre l'ordre.

» Tous ces faits sont si publics et si no-
» toires, qu'il n'y a ni moyen, ni prétexte
» de les désavouer.

» Quant aux chefs d'accusation que la
» bulle du pape proclame contre nous, ce
» ne sont que faussetés, déraisons et turpi-
» tudes. La bulle ne contient que des men-
» songes détestables, horribles et iniques.

» Notre ordre est pur et sans tache. Il n'a
» jamais été coupable des crimes qu'on lui
» impute, et ceux qui ont dit ou qui disent

» le contraire sont eux - mêmes faux chré-
» tiens et hérétiques.

» Notre croyance est celle de toute l'Église;
» nous faisons vœu de pauvreté, d'obéis-
» sance, de chasteté et de dévouement mi-
» litaire pour la défense de la religion contre
» les infidèles.

» Nous sommes prêts à soutenir et à prou-
» ver notre innocence de cœur, de bouche
» et de fait, et par tous les moyens possibles.

» Nous demandons à comparaître en per-
» sonne dans un concile général.

» Que ceux des chevaliers qui ont quitté
» l'habit religieux et ont abjuré l'ordre, après
» avoir déposé contre lui, soient gardés fidè-
» lement sous la main de l'Église, jusqu'à ce
» qu'on décide s'ils ont porté un témoignage
» vrai ou faux.

» Quand on interrogera des accusés, qu'il
» n'y ait aucun laïque, ni personne qui
» puisse les intimider.

» Les chevaliers sont frappés d'une telle
» terreur, qu'il faut bien moins s'étonner
» s'ils font de faux aveux, qu'admirer le
» courage de ceux qui soutiennent la vérité,
» malgré leur péril et leurs justes craintes.

» Et n'est-il pas étonnant qu'on ajoute
» plus de foi aux mensonges de ceux qui,
» pour sauver leur vie corporelle, cèdent à
» l'épreuve des tourments ou aux séductions
» des promesses, qu'à ceux qui pour la dé-
» fense de la vérité, sont morts avec la palme
» du martyre, et à cette saine et majeure
» partie de chevaliers qui survivent, et par
» le seul besoin de satisfaire à leur conscience,
» ont souffert et souffrent encore chaque
» jour. »

Telle fut la sublime défense de ces braves
chevaliers !

J'ai déjà observé que les commissaires
du pape devaient se borner à informer
contre l'ordre, et ne pouvaient pas prononcer la condamnation individuelle et
personnelle des chevaliers. Ce triste soin
fut délégué à des conciles provinciaux, à
des archevêques ou évêques, qui, chargés
d'agir contre les templiers, trouvèrent que
les accusés rétractaient leurs aveux, et que
ceux qui n'en avaient pas fait, persistaient dans leur dénégation. Ces nouveaux
juges en informèrent le pape. Il ne pouvait
ignorer que l'inquisiteur et ses délégués

ayaient commencé les procédures par la torture préliminaire, et il se borna à répondre aux archevêques et évêques que les difficultés qu'ils proposaient se trouvaient décidées par le droit écrit, dont la plupart d'entr'eux étaient instruits , et que ne voulant pas innover, quant à présent, il exigeait qu'on procédât selon le droit (1).

Il était dans les principes de la justice et de l'équité de recommencer la procédure devant les nouveaux juges qu'on donnait aux accusés. Mais on craignait que la plupart des templiers ne voulussent plus rien avouer. Alors le pape écrivit à Philippe-le-Bel, qu'il était de principe reconnu que

(1) Dubitant etiam , qualiter sit contra pertinaces et confiteri nolentes et contra illos qui suas confessiones sponte factas revocant, procedendum ; super quibus nostræ declarationis oraculum postulârunt.

Cùm autem per jura scripta, quorum non nullos vestrûm plenam scimus habere notitiam , hæc dubia declarentur , et propterea nos ad præsens non intendamus nova jura facere super illis , volumus in præmissis juxtà juris exigentiam procedatis.

Datum Avenioni kal. Augusti , pontificatûs nostri anno 4.

Leibnitz mantissa jur. diploma. P. 2 p. 90.

l'information commencée par un juge supé-
rieur ne pouvait pas être terminée par un
juge subalterne, surtout quand il s'agissait
du pontife romain, auprès de qui réside la
plénitude du pouvoir; mais que cependant
pour ne pas entraver l'affaire, et pour l'ex-
pédier plus facilement et plus promptement,
il consentait que dans les conciles provinciaux on procédât de sa propre autorité,
quand même cette manière de procéder ne
serait pas conforme au droit (1).

----

(1) Ad dubitationem autem illam prælatorum et
inquisitorum eorumdem, videlicet an contra illos vel
pro eis de quibus aliàs per nos extitit inquisitum in
provincialibus conciliis sententiam ferri possit ;
duximus respondendum ; certum est enim quòd de
jure non possunt. Explorati quidem juris est , nec
alicui venit in dubium quòd coram superiori judice
incohata in inferiori judicio terminari non possunt ;
quomodolibet vel decidi præsertim coram romano
incepta pontifice, penes quem plenitudo residet po-
testatis. Tamen ne valeat intricari negotium, sed
felicius et facilius expediri et præsertim propter enor-
mitatem tanti criminis et horribilitatem facinoris,
volumus quòd contrâ ipsos vel pro ipsis in eisdem
conciliis auctoritate nostra procedi valeat.... Ita
tamen quod causæ prædictæ quæ nos movent ad id

Le pape décida aussi qu'il ne fallait ni interroger ni informer de nouveau à l'égard de ceux des accusés contre lesquels on avait déjà fait des procédures.

Rien ne paraîtra plus monstrueux que cette forme judiciaire, si ce n'est les jugemens qui en furent les résultats en France.

Le pape avait exigé que l'on jugeât selon le droit.

Le concile de Sens était présidé par le frère d'Enguerrand de Marigni, ministre du roi.

Les informations contre les templiers ne portaient uniquement que sur le mode de réception des chevaliers.

D'après les statuts de leur ordre, le récipiendaire reniait-il Jésus-Christ? Crachait-il sur la croix? Était-il autorisé à la dépravation des mœurs? etc., etc.

En supposant qu'ils reniaient Jésus-Christ, on poursuivait les templiers comme hérétiques.

---

concedendum, etiam contra juris regulam, in sententiis seu definitionibus expressè ponantur.

(*Bulle inédite de Clément V*, *déjà citée pag.* LXI.)

Cependant s'ils faisaient des aveux et demandaient pardon de leurs prétendus crimes, ils cessaient d'être regardés comme hérétiques ; on les *réconciliait* avec l'église.

Par le jugement du concile de Sens (1), les chevaliers qui avaient fait des aveux et qui y persistaient, furent déclarés innocents et mis en liberté.

Ceux qui n'avaient jamais avoué la prétendue hérésie, qui n'avaient point d'aveux à rétracter, et soutenaient constamment la validité des réceptions, furent condamnés à la prison : ils restaient *non réconciliés*.

Quant aux autres qui dirent à leurs juges :

---

(1) Quidam autem, vestibus illius religionis abjectis et secularibus absumptis, sunt absoluti et liberi demissi.

Nam illi qui præfatos casus enormes de se et de aliis publicè confessi sunt et postea negârunt, velut prolapsi combusti sunt.

Qui autem nunquam voluerunt fateri in carceribus detinentur.

Qui verò primò confessi sunt et semper confitentur, pœnitentes et veniam postulantes, liberi sunt dimissi.

(*Joann. canonic. Sti.-Victoris.*)

« Nous avions cédé à la douleur des tortures,
» mais nous avons révoqué, nous révoquons
» les faux aveux qui nous avaient été arra-
» chés ; » le concile décida que, d'après leurs
premiers aveux, ils s'étaient reconnus hérétiques ; que rétracter leurs aveux, c'était retomber dans leurs premières erreurs, rede-
venir hérétiques, et conséquemment être
relaps.

Comme hérétiques et surtout comme relaps, ils furent condamnés à être brûlés. (1)

Et ils le furent.

Et ils moururent du moins en martyrs de
la vérité, de la vertu et de la religion.

---

(1) Que j'aime à pouvoir opposer à l'injustice de
ce jugement , la sagesse de la décision du concile de
Ravènes , qui pensa au contraire avec raison que
ceux des accusés qui révoquaient les aveux arrachés
par les tortures devaient être absous !

Communi sententiâ decretum est, innocentes ab-
solvi . . . . . Intelligi innocentes debere , qui metu
tormentorum confessi fuissent ; si deinde eam
confessionem revocassent : aut revocare , hujusmodi
tormentorum metu , ne inferrentur nova , non fuissent ausi ; dum tamen id constaret.

(*Harduin concil. general. t.* 7 *p.* 1317.)

La prévention et l'ignorance ont seules pu avancer que les templiers avaient été punis justement, et punis pour leurs crimes. On voit que les chevaliers qui eurent la lâcheté de se reconnaître coupables furent absous, et qu'on ne condamna au feu que ceux qui rétractèrent leurs aveux.

Qu'on n'oublie jamais cette différence dans les jugements des conciles provinciaux.

Il serait inutile et fastidieux de nous arrêter sur les autres jugements de proscription.

Au lieu d'exciter l'indignation contre quelques tribunaux qui ne sont coupables, peut-être, que d'avoir cédé à l'esprit de leur siècle et aux instigations des ministres du pape et du roi, j'aime mieux reposer mes regards et ceux du lecteur sur les témoignages généreux que les templiers, soit en France, soit en pays étranger, eurent la gloire de rendre à la vérité, et sur la justice que plusieurs de leurs juges eurent la vertu de leur accorder.

Outre les chevaliers qui, en France, osèrent se déclarer les défenseurs de l'ordre, et le grand nombre qui furent condamnés à la pri son perpétuelle pour n'avoir jamais fait d'aveux, on peut citer honorablement ceux de Metz, qui soutinrent toujours l'innocence de l'ordre, et qui ne furent pas punis de leur courage.

Dans le comté de Roussillon, ils n'avouèrent aucun des chefs d'accusation.

On croit qu'en Bretagne et en Provence ils furent condamnés à mort, mais ils ne se reconnurent pas coupables.

A Nismes, il y eut deux enquêtes : les chevaliers interrogés dans la première, refusèrent de faire les aveux qu'on exigeait d'eux. (1)

A Bologne et à Ravènes, en Italie, ils furent absous par les conciles.

En Arragon, après être sortis victorieux des tortures, ils furent absous par les conciles de Salamanque et de Tarragone.

En Chypre, ils se livrèrent d'eux-mêmes à la justice, quoiqu'ils fussent armés, puissants et nombreux. Il paraît qu'ils échappèrent à la proscription.

---

(1) *Catalogue des manuscrits de Baluze*, *p.* 525.

En Allemagne, ils se présentèrent en nombre et en armes au milieu du concile de Mayence : quarante-neuf témoins déposèrent en leur faveur. Les pères de ce concile s'empressèrent de reconnaître leur innocence.

Il ne paraît pas qu'en Angleterre ils aient été condamnés à mort; il nous est parvenu près de cent dépositions des chevaliers anglais, et presque toutes s'accordent à soutenir la légalité des réceptions, à attester la vertu de l'ordre et des chefs, et à nier expressément que l'on crachât sur la croix, et qu'on autorisât la dissolution des mœurs, lors de ces réceptions (1).

Cette diversité de jugements prononcés par les différens conciles est une circonstance frappante, qui seule suffirait pour prouver l'injustice de la condamnation des chevaliers du Temple.

En effet, pour quels crimes les poursui-

---

(1) *Rymer*, t. 3.

Nova editio conciliorum magnæ Britanniæ, t. 2.

Monasticum anglicanum, t. 2.

vait-on? pour appartenir à un ordre qui, lors de la réception des chevaliers, faisait une loi de l'impiété et de la dissolution des mœurs. C'était, selon les accusateurs, un statut fondamental auquel tous les récipiendaires étaient soumis.

Si dans plusieurs pays les chevaliers ont été absous, il est évident que l'on y jugeait que le statut n'existait pas, et s'il est ainsi prouvé juridiquement qu'il n'existait pas pour les chevaliers étrangers, il faut alors joindre à l'absurdité et à l'invraisemblance de l'accusation, l'absurdité et l'invraisemblance plus grandes encore que le statut n'existait que pour les chevaliers condamnés en France.

Le concile de Vienne avait été assemblé pour prononcer sur le sort de l'ordre. Une foule de templiers proscrits étaient errants ou réfugiés dans les montagnes voisines de Lyon.

Ce fut sans doute une résolution courageuse et louable que celle qu'ils prirent d'envoyer des députés par-devant les pères du concile de Vienne, pour y plaider la cause de la vertu et du malheur. Les bûchers fumaient encore ; les oppresseurs veillaient toujours sur les proscrits ; la haine n'était pas encore assouvie ; n'importe : ils écoutent ce noble et généreux désespoir qui sied quelquefois à la vertu dans des occasions extraordinaires et solennelles.

Au moment même où on lisait devant les pères du concile de Vienne les informations faites contre l'ordre, paraissent tout à coup neuf templiers, qui offrent de prendre la défense de cet ordre opprimé.

C'était leur droit. Un concile était convoqué contre eux : les maximes de la religion et de la justice exigeaient qu'ils y fussent entendus, puisqu'on devait prononcer sur leur sort, leur fortune, leur gloire et leur réputation de probité, d'honneur et de catholicité.

C'était leur devoir. Les autres chevaliers le leur avaient légué du milieu des tortures et du haut des bûchers, où leur dernier soupir avait attesté leur innocence et celle de l'ordre.

Ces neufs chevaliers sont introduits.

Ils exposent franchement et loyalement l'objet de leur mission.

Ils se disent mandataires de quinze cents à deux mille chevaliers.

Ils s'étaient présentés d'eux-mêmes sous la sauvegarde de la bonne foi publique.

Leurs malheurs et leurs proscriptions. étaient des titres respectables, surtout devant les pères et le chef de l'église.

Une grande discussion allait s'engager. Le concile seul n'en eût pas été juge : l'Europe, la chrétienté, le siècle, la postérité auraient eu à ratifier ou à condamner le jugement du concile.

Que fit Clément V ?

Il m'en coûte de le dire. Mais je dois la vérité à la mémoire de tant d'illustres victimes, au siècle présent, aux vertus mêmes de ces pontifes et de ces prêtres qui, dans des temps plus heureux, font oublier les erreurs de ceux qui les ont précédés ; je dois révéler un secret caché jusqu'à ce jour.

Clément V fit arrêter ces généreux chevaliers ; il les fit jeter dans les fers, et il se hâta de prendre des mesures contre le désespoir des proscrits dont il traitait ainsi les mandataires. Il augmenta sa garde, et écrivit à Philippe - le - Bel de prendre lui-même

des précautions, en lui donnant ces détails
que l'histoire aurait peut-être ignorés à jamais, si les circonstances ne m'avaient im-
posé la loi de les publier (1).

Le concile de Vienne était composé de
trois cents évêques, sans compter les abbés
et prieurs, etc.

On conçoit aisément que ce procédé vio-
lent de Clément V, ce déni de justice scan-
daleux excitèrent leur indignation.

La lecture des informations prises contre
les templiers ne leur offrit point des preuves
suffisantes pour les condamner, et d'ailleurs
pouvaient - ils ignorer par quels moyens
coupables on était parvenu à se procurer
des dépositions (2)? Pouvaient-ils accor-

-----

(1) Voyez la lettre de Clément V à Philippe-le-Bel,
avec la traduction, parmi les *Pièces justificatives.*

(2) La plupart des témoins qui trahissaient leur
ordre étaient frères servants, inférieurs aux chevaliers. (*Guillaume de Tyr, l.* 12. *ch.* 27 *parlant,
des chevaliers* Equites, *nomme les autres fratres
inferiores qui dicuntur* servientes.)

Ce n'est point le moment de discuter les 231 dépo-

der quelque confiance à une information,
lors de laquelle on avait négligé d'interroger
l'immense majorité des chevaliers, qui,
comme accusés, avaient le droit incontestable
et sacré de donner individuellement leurs
moyens de défense, ou de paraître en personne devant le concile?

Aussi, tous les pères de ce concile, hors

-----

sitions, je me borne a transcrire le jugement qu'en a
porté M. Moldenhawer qui a traduit et fait impri-
mer en allemand le *processus contra templarios*.

« Mon travail, dit-il dans sa préface, p. 15, m'a
» souvent suggéré des observations, sur la conduite
» des commissaires et des chevaliers qui étaient ou
» défenseurs ou accusateurs de l'ordre, sur la
» marche du procès, qui par l'interruption la plus
» noire, la plus infâme, et préparée avec une astuce
» inouie, s'éloigna absolument de la direction qu'on
» avait d'abord annoncé vouloir lui donner . . . .
» sur l'esprit du temps qui se fait si souvent recon-
» naître par les traits les plus frappants . . . . Pour
» le moment je ne publie que les actes tels qu'on les a
» présentés, au pape et au concile de Vienne. Les
» voilà au jour après un laps de près de cinq siècles.
» Que l'homme impartial prononce entre les accusés,
les accusateurs et les juges. » (*Process gegen den
orden des tempelherren. hamburg* 1792.

un Italien et trois Français, décidèrent-ils
qu'on devait, avant tout, entendre les templiers accusés.

Cette délibération, commandée par les
lois de la religion et de la justice, ne pouvait
qu'amener des résultats qui auraient con-
trarié les projets du pape, de Philippe le bel,
et des autres roisqui voulaient disposer des
biens des templiers; mais le pape essaya vainement de fléchir la résistance équitable et
courageuse des pères du concile. Il fut réduit à éluder l'autorité sacrée qu'il avait in-
voquée lui-même; et, contre le droit et l'autorité des pères du concile, malgré leur décision impérative, il prononça, en consis-
toire secret, l'abolition provisoire de l'ordre.

Le devait-il ?

Le pouvait-il ?

Il serait aisé de répondre à ces questions.
Mais qui élèverait encore des doutes sur l'injustice de la proscription de cet ordre, et
sur la barbarie du supplice de tant de chevaliers, et de leur illustre chef, Jacques de
Molay ?

J'ai dû justifier l'ordre, avant de m'occu-
per de ce brave et vertueux chevalier.

Il était né en Bourgogne, de la famille des Sires de Longvic et de Raon. Molay était une terre du doyenné de Neublant, au diocèse de Besançon.

Reçu chevalier, vers l'an 1265, il s'était fait connaître à la cour de France, où il fut toujours traité avec distinction. Il avait eu l'honneur de tenir sur les fonds de baptême, Robert, quatrième fils de Philippe-le-Bel.

Jacques de Molay était absent, quand il fut élu grand-maître à l'unanimité (1).

Appelé en France par le pape, Jacques de Molay arriva avec un cortège de soixante chevaliers; il fut bien accueilli par le pape.

Ayant appris que les ennemis de l'ordre répandaient sourdement quelques calomnies, le grand-maître retourna auprès du pape, et demanda lui-même que la conduite de l'ordre et des chevaliers fût examinée.

---

(1) Por conformidade de votos sahio eleito Jacobo de Molay.

Como fora eleito ausente seria recebido com grandes acclamaçoens e com bem fundadas esperanças.

Ferreira. (*Memorias e noticias historicas da celebre ordem militar dos templarios; Lisboa.* 1735 *t.* 1 *du sup. p.* 688.)

Cette confiance était permise à sa vertu.

Il paraît que le grand-maître jouissait d'une grande réputation de probité et de bonnes mœurs.

L'amitié et les distinctions honorables qu'il avait obtenues de Philippe-le Bel, les égards du pape, l'attestation du roi d'Angleterre ne laissent aucun doute à ce sujet.

J'invoquerais encore le témoignage même de ses persécuteurs. On ne lui a jamais imputé aucun de ces crimes honteux, aucune de ces dissolutions infâmes, qu'on supposait être autorisées par les statuts de l'ordre.

Cet hommage tacite de ses ennemis, est aussi honorable qu'authentique.

Ce chef respectable d'un ordre proscrit, fut jeté inopinément dans les fers, avec les cent trente-neuf chevaliers qui l'entouraient à Paris. L'épreuve des tortures, les menaces de l'inquisiteur, la certitude que les chevaliers seraient condamnés à mort, et que l'ordre serait détruit si on ne cédait pas momentanément aux projets du roi, le désir peut être pardonnable d'épargner le sang des victimes, l'espoir de s'entendre avec le pape et d'appaiser le roi, purent le faire condescendre à un aveu momentané, qui portait avec lui-même sa rétractation, tant il était invraisemblable par son absurdité et par son ridicule. J'admets donc, puisque je le trouve écrit dans l'interrogatoire de l'inquisiteur, et dans quelques historiens, que le grand-maître avait d'abord répondu que, lors de sa réception, il promitd'observer les règles et les statuts de l'ordre, qu'ensuite on lui présenta une croix où était la figure du Christ, qu'on lui ordonna de le renier, et qu'il le renia malgré lui; et enfin qu'invité à cracher dessus, il avait craché à terre, et une seule fois.

Dès que le grand-maître connut que l'aveu qu'on avait exigé de lui, loin d'amener un arrangement en faveur de l'ordre, pouvait servir de prétexte à de nouvelles injustices et à de cruelles diffamations, il se hâta de donner l'exemple de la rétractation.

Oui, cette rétractation du grand-maître devança celle de tout autre chevalier. Ce fut de la part du chef de l'ordre un rappel courageux aux principes de l'honneur et de la vérité.

Elle fut peut-être plus utile à la cause du

malheur et de la vertu, que ne l'auraient été ses dénégations continuelles.

Elle rassura la constance des chevaliers qui n'avaient jamais fait d'aveux, et surtout elle apprit aux faibles qui, en cédant aux tourments, à la crainte, à la séduction, étaient déchus de l'honneur, qu'ils pouvaient encore retourner à leur devoir.

Ainsi l'exemple et le signal du grand maître préparèrent la vertu stoïque et chrétienne de tant de victimes, qui rétractèrent ensuite leurs aveux, et périrent glorieusement pour les avoir rétractés.

Si Jacques de Molay tomba dans une première erreur, cette erreur devint donc pour lui-même, et pour de dignes chevaliers, le sujet d'une gloire nouvelle.

Si non errasset, fecerat ille minus.

Sans cette erreur, peut-être il paraîtrait moins grand.

Que le grand-maître ait été le premier à se rétracter, c'est ce dont il n'est pas permis de douter, d'après le mémoire qu'on trouve au trésor des chartres, indiqué sous le titre :

Mémoires où sont résolues diverses ques-
tions touchant les templiers (1).

Dans ce mémoire, on observe qu'il avait

------

(1) Ce rouleau manuscrit N°. 32 du carton,
mélange, templiers, N°. 1, paraît avoir été coupé
dans la partie supérieure où étaient exposés les faits
qui donnaient lieu aux questions sur lesquelles le
conseil prononce. Il ne reste donc que les réponses.
Elles apprennent que le grand-maître s'était rétracté,
peu de tems après ses premiers aveux, elles supposent
qu'il avait ensuite renouvelé ses aveux et elles annoncent cependant la crainte qu'il ne persiste dans
sa rétractation. Dans cet écrit qui est antérieur au
voyage de Chinon, le conseil du roi décide, 1°. que
l'on doit s'en tenir au premier aveu, 2°. que l'on ne
doit point accorder de défenseur : « à quoi bon
» donnerait-on un défenseur, si ce n'est (et le ciel
» en préserve !) pour défendre les erreurs des tem-
» pliers, qui sont si évidentes par elles-mêmes ? c'est
» pourquoi l'église tiendrait lieu de défenseur, si
» elle voyait qu'il y eût lieu de défendre les accusés ;
» mais il n'y a aucun moyen en leur faveur. » —
Atquid ergo dabitur defensor ? nisi, quod absit, ad
templariorum defendendos errores, cùm rei evidentia
reddat rem notoriam ; propterea ecclesia ipsa locum
obtinet defensoris, si vidisset quòd locus posset esse
defensioni, cùm tamen nullus sit.

rétracté; on ajoute qu'il avait paru revenir à ses premiers aveux, on craint qu'il ne
persiste dans sa rétractation.

Le conseil répond qu'il faut s'en tenir aux
premiers aveux.

Cette décision était antérieure au voyage
de Chinon.

Il est évident que depuis sa première rétractation, le grand maître y a toujours persisté; s'il eût varié, on n'aurait pas manqué
d'en constater la preuve, et il est aisé de démontrer qu'il ne fit plus d'aveux devant les
légats du pape, qui osèrent cependant se
vanter de les avoir obtenus.

Ce point historique mérite qu'on s'y arrête
un instant.

Les conseils du roi crurent nécessaire de
faire comparaître par-devant le pape, plusieurs chevaliers qui avouassent les crimes
dont ils étaient accusés. Il n'était pas difficile d'en choisir un certain nombre, vaincus
et subjugués par la crainte, ou séduits par
les promesses et les bienfaits.

On en trouva soixante-douze dans la multitude des proscrits; on aurait pu vraisemblablement en trouver davantage, mais le grand point était de présenter les chefs de l'ordre au pape.

On craignait avec raison qu'ils ne se justifiassent, en dénonçant les vexations qu'eux et tous les autres chevaliers éprouvaient depuis long-temps.

Il fallait donc éviter l'entrevue dangereuse du grand-maître et des chefs avec le pape.

Mais, d'un autre côté, c'était donner au pape lui-même des soupçons et des inquiétudes, que de laisser à Paris les chefs de l'ordre, quand on lui présentait quelques chevaliers.

C'était aussi s'exposer aux murmures du peuple, et à la méfiance des rois et des princes.

Les ministres de Philippe-le-Bel trouvèrent un expédient. On transféra, avec les chevaliers, le grand-maître et les autres chefs de l'ordre; mais on ne conduisit jusqu'à Poitiers que les soixante-douze chevaliers.

Le grand-maître et les chefs restèrent à Chinon, et sous prétexte que quelques-uns d'entre eux étaient infirmes, deux cardinaux vinrent les interroger.

Pourquoi le pape, dans une occasion si importante, dans une affaire qui intéressait si essentiellement la chrétienté, ne se transporta-t-il pas à Chinon, qui n'est qu'à une petite distance de Poitiers ? Pourquoi du moins n'appela-t-il pas à Poitiers ceux des chefs qui n'étaient pas infirmes? car le pape lui-même avoue qu'ils ne l'étaient pas tous. Pourquoi ne mit-il aucun empressement à entendre lui-même le grand maître qui, dès les premières calomnies, s'était empressé d'accourir auprès de sa sainteté, et de lui attester l'innocence de l'ordre? Pourquoi enfin, puisqu'on put ramener ces chefs de l'ordre, de Chinon à Paris, ne leur fit-on pas faire le court trajet de Chinon à Poitiers, avant de les ramener dans leurs prisons ?

Le pape, d'ailleurs, devait être empressé d'entendre Hugues de Péraldo, l'un des chefs de l'ordre, parce que Philippe-le-Bel s'était plaint de ce que les commissaires du pape ayant admis ce chevalier à leur table, il avait profité de cette circonstance pour rétracter ses aveux précédents.

Quoi qu'il en soit, les commissaires du pape écrivirent au roi que Jacques de Molay, Hugues de Péraldo et d'autres chefs avaient fait des aveux.

Le pape, de son côté, s'en prévalut pour ordonner la poursuite de tous les templiers dans toute la chrétienté.

Mais lorsque le grand-maître parut par devant les commissaires qui prirent, à Paris, l'information contre l'ordre, il nia avec indignation d'avoir fait, à Chinon, les aveux qu'on lui prêtait, et il demanda de paraître devant le pape (1).

La seule dénégation du grand-maître, appuyée de toutes les circonstances que j'ai déjà relevées, sur ce qu'on avait empêché son entrevue avec le pape, suffirait peut-être pour convaincre l'homme impartial, ou que les cardinaux avaient attesté une fausseté, ou, ce qui est peut-être plus vraisemblable, que les agents de Philippe-le-Bel avaient présenté d'autres individus, ce qui était très-facile; le grand-maître n'étant vraisemblablement pas connu des cardinaux, n'entendant pas la langue latine dans

______

(1) *Processus contra templarios.*

laquelle on rédigeait la procédure (1), et les formes de ce temps-là n'exigeant point la signature des accusés.

Mais il me paraît d'ailleurs prouvé d'une manière authentique et incontestable, que le grand-maître n'a pas fait cet aveu à Chinon.

Plusieurs bulles adressées par le pape aux divers rois, princes et prélats, et qui annoncent les prétendus aveux du grand-maître faits à Chinon, sont du 2 des ides, date qui répond au 11 août.

Dans toutes ces bulles, Clément V parle de l'interrogatoire qu'il suppose fait antérieurement par les cardinaux commissaires apostoliques, et ose se prévaloir des aveux

------

(1) On était obligé de traduire devant lui en langue vulgaire les interrogatoires et de traduire en latin ses réponses. — In confessionibus ipsis eis lectis et in maternâ linguâ expositis. (*Spicileg. Dacherii* t. 10 p. 356, 1e. *edit.*)

Eis lectæ fuerunt de mandato et in præsentiâ cardinalium dictorum in suo vulgari expositæ cuilibet eorumdem. (*Bulle de Clément V, du 2 des ides d'août, an 3 de son pontificat.*)

du grand-maître et des autres chefs de l'ordre, pour armer l'opinion publique contre les malheureux templiers.

Rien de plus certain cependant qu'à cette époque du 11 août, le pape ne pouvait annoncer ces aveux, puisque par la lettre que les commissaires apostoliques écrivirent au roi, ils attestent qu'ils ont entendu le samedi après la fête de l'Assomption (15 août), quelques-uns des chefs de l'ordre, et, le dimanche suivant, le grand-maître.

Ces commissaires ajoutent que les lundi et mardi d'après, ils ont de nouveau entendu Hugues de Péraldo et le grand-maître.

Leur lettre au roi est datée du même jour, mardi après l'Assomption.

Il est donc évident que le 11 le pape annonçait les aveux du grand-maître et des autres chefs, avant même qu'ils eussent été interrogés.

Cette contradiction est si frappante et si démontrée, qu'il n'y a aucun moyen de l'expliquer qu'en reconnaissant que l'interrogatoire n'a jamais existé, et que les fourbes qui ont trompé à cet égard et le pape et Philippe-le-Bel, ont eu autant de maladresse que de méchanceté. *Mentita est iniquitas sibi* (1).

De nouvelles considérations fortifient en-core les précédentes.

Dans la supposition des aveux, le pape annonça que les cardinaux, après que le grand-maître et les précepteurs eurent abju-ré l'hérésie, leur avaient accordé, d'après leur prière, l'absolution selon la forme de l'église (2).

Les cardinaux, en écrivant au roi, lui de-

---

(1) Une autre circonstance remarquable touchant l'interrogatoire de Chinon, c'est que d'après les lettres du pape et celles des commissaires eux-mêmes, on suppose que les chefs de l'ordre furent interrogés par trois cardinaux, et par sa lettre rapportée dans le (*Spicilegium*, *Dacherii*, *t.* 10, *p.* 356, 1ᵉ. *édit.*), Clément V annonce que ces commissaires étaient au nombre de cinq. Il joint aux trois autres l'évêque de Préneste et Pierre Colonne.

(2) Ab ipsis cardinalibus, ab excommunicatione quam pro præmissis incurrerant, absolutionem, flexis genibus, manibusque complicatis, humiliter et devoté ac cum lacrymarum effusione non modicâ, petierunt. Ipsi verò cardinales, quia ecclesia non claudit gremium redeunti, ab eisdem magistro et præceptoribus, hæresi abjuratâ expressé, ipsis, secundùm formam

mandèrent qu'il traitât avec bonté le grand-maître et les autres chefs.

Et cependant il est prouvé par les pièces mêmes de la procédure, que quand le grand-maître comparut à Paris par-devant les commissaires apostoliques, il était dans le plus grand dénuement; il se plaignait hautement de n'avoir pas quatre deniers qu'il pût dépenser pour la défense de l'ordre, ou pour tout autre objet. Il demanda de pouvoir entendre la messe et les offices divins. Il s'obstina à requérir plusieurs fois d'être au plutôt présenté au pape pour justifier l'ordre devant lui.

Si le grand-maître eût fait à Chinon les aveux qu'on suppose, peut-on douter qu'il n'eût aussitôt recueilli le prix de sa complaisance? l'aurait-on laissé dans une prison et dans un état indigent?

S'il avait été réconcilié avec l'église, aurait-il été réduit à la nécessité de demander aux commissaires apostoliques la permission

---

ecclesiæ, autoritate nostrâ absolutionis beneficium impenderunt. (*Bulle de Clément V, 2 des ides d'août an 3.*)

d'assister à la messe et aux offices divins (1)?

Enfin, s'il eût fait les aveux qu'on supposait, aurait-il osé demander de paraître devant le pape et ces mêmes cardinaux?

Puisque le grand-maître était dans un état d'abjection et d'abandon, puisqu'il était pri-

---

(1) Les templiers qui, par les aveux qu'on exigeait d'eux, méritaient la faveur d'être réconciliés avec l'église, avaient lors même qu'ils étaient encore détenus prisonniers, l'avantage de participer aux secours spirituels de l'église. Voici une quittance de dépense faite pour douze templiers réconciliés, détenus à Senlis.

» A touz ceux qui ces lettres verront et oiront, Ro-
» bert de Parmentier, garde du ceel de la prévosté
» de Senlis, Salut. Sachent tuit que pardevant nous
» vient en présent Guillaume de Glarengui, garde
» de douze templiers réconciliés à Villers St.-pol,
» en la meson de l'abé Dauchi . . . . . reconnut avoir
» eu et reçu de Renier de Creel, commissaire des
» biens du temple en la baillie de Senlis . . . . . et
» pour *le prêtre qui chante les messes au dis tem-*
» *pliers trois fois la semaine unt souz...*

Doné l'an mil ccc dis au mois de frévrier la veille de la Chandeleur. »

La pièce originale en parchemin se trouve dans la collection des manuscrits de M. de Gaignieres à la bibliothèque impériale.

vé des secours spirituels, n'est-il pas évident
que c'était à sa rétractation constante qu'il
devait un pareil traitement?

Non, cela ne peut plus être l'objet d'un
doute. J'ai cru nécessaire d'y insister pour
l'instruction de la postérité, bien plus encore
que pour l'honneur de la mémoire de Jacques
de Molay : car dût-on admettre quelque faiblesse ou quelque erreur dans le cours de
ses revers et de sa vie, sa mort seule suffirait
à sa gloire.

Le conseil du roi avait décidé que nonobstant la rétractation du grand-maître, il fallait s'en tenir à son premier interrogat.

Le pape lui-même avait décidé qu'il ne
fallait pas interroger de nouveau, ni exposer
à des rétractations les accusés qui avaient
déjà fait des aveux.

Ainsi, malgré la rétractation du grand-
maître, après l'interrogatoire du Temple,
malgré le démenti formel et judiciaire qu'il
avait donné aux cardinaux, qui supposaient
de nouveaux aveux faits à Chinon, on jugea
le grand-maître, comme si le dernier état
des choses eût été de sa part un aveu des
crimes imputés à l'ordre et aux chevaliers.

Chacun connaît la manière dont se termina son procès. Le pape s'était réservé de prononcer sur les chefs de l'ordre. Les cardinaux publièrent, dans le parvis de l'église de Notre-Dame, un jugement qui, supposant que le grand-maître avait fait des aveux et qu'il y persistait, le condamnait à la prison perpétuelle.

Le grand-maître et l'un de ses compagnons, au grand étonnement des nombreux assistants, proclamèrent alors la rétractation de leurs aveux, en s'accusant du seul crime de les avoir faits.

Les cardinaux, étonnés, confièrent ces deux prisonniers au prévôt de Paris, pour les garder jusqu'au jour suivant, où ils se proposaient de statuer.

Le roi apprenant cet évènement, convoqua aussitôt un conseil, où n'assista aucun ecclésiastique, et il fut décidé que le grand-maître et les chevaliers seraient brûlés sur le champ (1).

____

(1) Publicè de mandato regis Franciæ extitit combustus ; qui tamen cum concilio prælatorum et peritorum ad aliam pænitentiam peragendam priùs fuerant condemnati. Nam Philippus rex Franciæ

On voudrait en vain excuser cet acte atroce.

Le pape ayant ordonné le jugement du grand-maître, et la sentence ayant été prononcée publiquement et légalement, il n'appartenait plus à aucune puissance de la terre de changer le sort des condamnés.

La proclamation que le grand-maître fai-

---

cùm consilio suo noluit pati quòd, propter revocationem confessionis suæ quam prius fecerant, dictus magister militiæ templi et multi alii sui ordinis, evaderent mortem temporalem, nullo tamen super hoc judicio ecclesiastico convocato, neque ipso expectato. (*Vita Clementis V. autore Amalrico Augerii de Biterris.*)

Et dum a cardinalibus in manu præpositi parisiensis, qui præsens tunc aderat, ad custodiendum duntaxat traduntur, quousque die sequenti deliberationem super iis haberent pleniorem, confestim ut ad aures regis, qui tunc erat in regali palatio, hoc verbum insonuit, communicato quamvis providè cum suis, clericis non vocatis, prudenti consilio, circa vespertinam horam ipsius diei, in parvâ quâdam insulâ Sequanâ inter hortum regalem, et ecclesiam fratrum heremitarum positâ, ambos pari incendio concremari mandavit.

(*Continuat. chronic. Guillelmi Nangii.*)

sait de sa rétractation antérieure publique et judiciaire, n'autorisait point à aggraver la peine.

D'ailleurs, c'était aux seuls juges qui avaient déjà statué, qu'il eût appartenu de statuer encore. Aussi les commissaires apostoliques avaient-ils renvoyé au lendemain.

Le conseil assemblé par le roi devança leur décision et se chargea lui seul de l'odieux d'un supplice ordonné contre toute justice, contre tout droit, contre toute forme.

Le grand-maître monta courageusement sur l'échafaud; il mourut en chevalier chrétien, en héros martyr.

Son innocence, celle de son ordre et de ses chevaliers ne sont plus révoquées en doute, ne peuvent plus l'être (1).

____

(1) Le grand Arnauld n'avait pas hésité de les croire innocens; il avait même osé faire de la constance des templiers un argument en faveur des catholiques. « Il n'y a presque personne qui ne croie » maintenant que les templiers avaient été fausse- » ment accusés de faire faire des impiétés, des ido- » lâtries, et des impuretés à tous les chevaliers qu'ils » recevaient dans leur ordre, quoique ceux qui les « ont condamnés l'aient pu faire de bonne foi, parce

La justice des siècles est enfin arrivée pour eux.

» qu'il y en eut plus de deux cents qui l'avouaient,
» et à qui on donnait grâce à cause de cet aveu ; mais
» parce qu'il y en eut aussi, quoique moins en nom-
» bre, qui aimèrent mieux être brûlés que d'avoir
» leur pardon, en reconnaissant ce qu'ils disaient
» être faux ; le BON SENS a fait juger que dix hommes
» qui meurent, pouvant ne pas mourir en avouant
» les crimes dont on les accuse, sont plus croyables
» que cent qui les avouent, et qui, par cet aveu, ra-
» chètent leur vie ».

(*Apologie pour les catholiques,* 1681, *t.* 1,
p. 360.)

LES TEMPLIERS,

TRAGÉDIE.

DÉCORATIONS.

Le théâtre représente une grande salle du palais
du Temple. On y voit des trophées d'armes, les ta-
bleaux des batailles des chevaliers, et les statues
de huit grands-maîtres :

Vᵉ. Grand-maître. BERTRAND DE BLANQUEFORT.
VI. ——————— PHILIPPE DE NAPLOUSE.
VII. ——————— ODON DE ST.-AMAND.
XI. ——————— ROBERT DE SABLÉ.
XII. ——————— GUILLAUME DE CHARTRES.
XV. ——————— PIERRE DE MONTAIGU.
XVI. ——————— ARMAND DE PÉRIGORD.
XX. ——————— GUILLAUME DE BEAUJEU.

(L'action se passe à Paris, en octobre 1307.)

PERSONNAGES.

PHILIPPE-LE-BEL, roi de France. M. Lafond.

JEANNE DE NAVARRE, reine de Navarre et de France. Mlle. Georges.

GAUCHER DE CHATILLON, connétable. M. Damas.

ENGUERRAND DE MARIGNI, premier ministre. M. Baptiste aîné.

MARIGNI, son fils. M. Talma.

GUILLAUME DE NOGARET, chancelier. M. Desprez.

JACQUES DE MOLAY, grand-maître des templiers. M. Saint-Prix.

PIERRE DE LAIGNEVILLE.
GUILLAUME DE MONTMO-
RENCY. } templiers. M. Lacave.

JEAN DE BEAUFREMONT.
JEAN DE VILLENEUVE. } Autres templiers.
PIERRE DE VILLARS.
GILLON DE CHEVREUSE. } Personnages muets.
FOULQUES DE TRÉCY.

Un officier du roi. M. Varenne.

Suite et gardes du roi.

LES TEMPLIERS.

ACTE PREMIER.

SCÈNE PREMIÈRE.

LE MINISTRE, LE CHANCELIER.

LE MINISRE.

Illustre chancelier, le roi que je devance,
Veut que dans ce palais j'annonce sa présence.
Vous savez son dessein : avant la fin du jour
Un grand évènement étonnera la cour.

LE CHANCELIER.

Ministres l'un et l'autre, il faut que notre zèle
De Philippe outragé défende la querelle.
Ces fameux chevaliers qui, s'égalant aux rois,
Remplissaient l'Orient du bruit de leurs exploits,
Qui dans toute l'Europe, et surtout dans la France,
Étalaient leur orgueil, leur faste, leur puissance,

Les templiers, enfin, ne peuvent échapper
Aux coups dont le monarque est prêt à les frapper.
S'il faut les accuser, je l'oserai moi-même :
L'intérêt de l'état sera ma loi suprême,

LE MINISTRE.

Leur pouvoir, de grands noms, de perfides bienfaits,
Attachent à leur sort la plupart des Français ;
De nombreux courtisans, même le connétable,
Forment aux templiers un parti redoutable.
Plus d'une fois la reine a prodigué pour eux
Un crédit tout puissant, des soins trop généreux ;
Sans doute elle voudra protéger le grand-maître :
Oui, les plus grands dangers nous attendent peut-être ;
Mais vous me connaissez, comptez toujours sur moi
Contre ces ennemis de l'état et du roi.
Quoi ! leur coupable audace est encore impunie !
Ils vivent étrangers dans leur propre patrie.
Ils se sont affranchis des tributs solennels
Que partout les chrétiens acquittent aux autels.
Riches de nos bienfaits, mais possesseurs avides,
Ils repoussent loin d'eux le fardeau des subsides.
Dangereux ennemis et perfides sujets,
Sans cesse ces guerriers formaient d'affreux projets ;

Et s'ils ont quelquefois combattu pour la France,
Ils voulaient par leur gloire affermir leur puissance.

LE CHANCELIER.

Le roi depuis long-temps est irrité contr'eux ;
Ses soupçons surveillaient leurs complots ténébreux.
Nous avons découvert qu'un pacte affreux, impie,
A remplacé les lois de la chevalerie ;
Dans leurs rites secrets blasphémant l'Éternel,
Pour renverser le trône ils attaquaient l'autel (1).
La vengeance du roi serait terrible et prompte ;
Mais ce sont des Français, il veut cacher leur honte ;
Il se borne à détruire un ordre dangereux :
Qu'ils se montrent soumis, il sera généreux.

LE MINISTRE.

Non, plus de templiers ! tous ont cessé de l'être
Alors que sous le joug d'un vainqueur et d'un maître,

-----

(1) L'accusation contre les templiers supposait que
d'après les nouveaux statuts qui avaient remplacé
l'ancienne règle de l'ordre, le chevalier récipiendaire était obligé de renier Jésus-Christ, de cracher
sur la croix, et de souffrir des libertés criminelles
qui devaient autoriser ensuite la dépravation de ses
mœurs. (Voyez *les cent vingt-sept chefs d'accusation que Clément V publia contre eux.*)

Leurs revers éclatants ont pour jamais livré
Et Solyme, et le temple, et le tombeau sacré.

LE CHANCELIER.

Le roi veut une entière et prompte obéissance ;
Il exerce les droits de sa toute-puissance :
Malheur à ces guerriers s'ils osent résister !

LE MINISTRE.

Ils lui résisteront ; pouvez-vous en douter ?
Nous aurons à venger l'honneur du diadême.
Qui frappera les coups ?

LE CHANCELIER.

    L'inquisiteur lui-même.

LE MINISTRE.

Il est notre ennemi. Quand nos hardis succès
Contre la cour de Rome animaient les Français,
Lui seul, du Vatican (1) défenseur téméraire,
Exhalait contre nous une injuste colère ;
A ses yeux, nos succès étaient des attentats :
Il prêche le pardon, mais ne pardonne pas.

LE CHANCELIER.

Apprenez nos desseins : sûr de votre prudence,
Le prince m'autorise à cette confidence.

---

(1) Le Vatican bâti dès le 5e. siècle fut beaucoup agrandi par Nicolas III, dans le 13e. siècle.

La mort avait frappé le pontife romain ;
L'intrigue, retardant un choix trop incertain,
Alarmait à la fois Rome et l'Europe entière ;
Dans les temples, partout l'encens et la prière
Demandaient que le ciel daignât dicter un choix
Qui satisfît enfin les peuples et les rois :
Un prêtre fut élu : vous ignorez vous-même
Qu'au crédit de Philippe il dut ce rang suprême.
Philippe, loin de nous, l'appelant en secret (1),
De ses soins tout-puissants lui promet le bienfait,
L'éblouit de l'éclat de la triple couronne (2).
Le prêtre ambitieux s'attendrit et s'étonne ;
Futur pontife, il tombe aux genoux de son roi.
On apporte aussitôt le livre de la foi :

____

(1) L'entrevue et la convention entre le roi et Bertrand de Got, archevêque de Bordeaux, depuis pape sous le nom de Clément V, eurent lieu dans une abbaye, proche Saint-Jean-d'Angely, en 1305.

(2) Boniface VIII, mort deux ans auparavant, est le premier pape dont on trouve un monument qui représente le pontife paré de la triple couronne ; quoique l'on pût établir que c'est postérieurement que les papes en ont fait l'un de leurs ornements, les prétentions exagérées et orgueilleuses de Boniface VIII permettent de croire qu'il donna le premier l'exemple de porter la triple couronne.

Qu'on abuse aisément des choses les plus saintes !

Politique profond, le roi montre des craintes,

Exige des serments; l'autre jure soudain;

Des templiers alors on règle le destin.

S'ils outragent du roi l'autorité suprême,

Rome doit les juger, les punir elle-même.

J'attendais le grand-maître; il s'avance vers moi.

SCÈNE II.

LES MÊMES, LE GRAND-MAÎTRE, LAIGNE-
VILLE.

LE CHANCELIER.

Je viens vous annoncer les volontés du roi.

De ce vaste palais les superbes portiques

Ont cessé d'étaler vos titres magnifiques.

En tous lieux désormais, vous et tous vos guerriers,

Vous ne paraîtrez plus qu'en simples chevaliers;

Déjà de votre sort vous vous doutez peut-être.

LE GRAND-MAÎTRE.

Je l'attends sans effroi.

LE CHANCELIER.

Vous n'êtes plus grand-maître.

LE GRAND-MAITRE.

Qui l'a jugé ?

LE CHANCELIER.

Le roi.

LE GRAND-MAITRE.

Mais l'ordre entier ?...

LE CHANCELIER.

N'est plus.

LE GRAND-MAITRE.

Croirai-je ?...

LE CHANCELIER.

Épargnez-vous des regrets superflus ;
Obéissez au prince ; il l'espère, il l'ordonne.

LE GRAND-MAITRE.

Mais en a-t-il le droit ? Quel titre le lui donne ?
Mes chevaliers et moi, quand nous avons juré
D'assurer la victoire à l'étendard sacré,
De vouer notre vie et notre saint exemple
A conquérir, défendre et protéger le temple,
Avons-nous à des rois soumis notre serment ?
Non, Dieu préside seul à cet engagement.

Le roi l'ignore-t-il? C'est à vous de l'instruire :
Le seul pouvoir qui crée a le droit de détruire.
Le prince m'entendra, je vais auprès de lui ;
Il·faut....

LE MINISTRE.

Dans ce palais il arrive aujourd'hui ;
C'est ici seulement qu'il voudra vous entendre.

LE GRAND-MAITRE.

Non, je cours le chercher.

LE MINISTRE.

J'ose vous le défendre.

LE GRAND-MAITRE.

Comment !

LE MINISTRE.

Nul chevalier ne sort de ce palais.

LE GRAND-MAITRE.

C'est vous qui l'annoncez !

LE MINISTRE.

J'ai des ordres exprès.

LE GRAND-MAITRE.

Le roi peut contre nous s'armer de sa puissance ;
Nous joindrons à nos droits ceux de notre innocence.

Quels que soient les projets qu'on forme contre nous,
Il importe au monarque, et, le dirai-je? à vous,
A vous qui disposez de son pouvoir auguste,
Qu'on cesse à notre égard un traitement injuste.
Ce n'est pas que le roi nous puisse humilier ;
Mais que ses serviteurs se gardent d'oublier
Qu'en ce palais encore ils parlent au grand-maître;
Oui, je le suis toujours, je saurai toujours l'être.

LE CHANCELIER.

De résister au roi prévoyez le danger.

LE GRAND-MAITRE.

Portez-lui ma réponse au lieu de la juger.

(Il se retire avec Laigneville.)

SCÈNE III.

LE CHANCELIER, LE MINISTRE.

LE CHANCELIER.

Sa haine et sa fureur cessent de se contraindre;
S'ils ne périssent pas, nous avons tout à craindre.

LE MINISTRE.

Sans doute ces guerriers sont à craindre pour nous:
Moi-même n'ai-je pas éprouvé leur courroux?

Des Français dévoués au prince, à la patrie,

Ils menaçaient sans cesse et l'honneur et la vie ;

Vous vous en souvenez. Ce palais autrefois

Gardait tous les trésors de l'état et des rois ;

Il fallut s'affranchir de cette dépendance

Honteuse pour le prince et funeste à la France;

Ces guerriers résistaient : leurs complots furent vains ;

Et le trésor public échappa de leurs mains (1).

Mais ils dirent au roi que ma coupable audace,

De mes propres abus voulait cacher la trace ;

Mille voix s'élevaient pour me calomnier :

Enfin, je fus réduit à me justifier.

Mon succès irrita leur vengeance perfide.

Quand mon fils demanda la main d'Adélaïde,

Quand la reine daignait protéger leur bonheur,

La cour de cet hymen m'eût envié l'honneur.

Jeune, aimable, vaillant, mon fils avait su plaire,

Et le bonheur du fils eût fait l'orgueil du père.

Cet hymen, que le roi permet en ce moment,

Ne pouvait obtenir son auguste agrément.

Mon fils désespéré s'éloigna de la France;

---

(1) En France et en Angleterre les palais du Temple
gardaient les trésors des Rois.

A peine il reparaît après sa longue absence.

Je découvre aujourd'hui, j'apprends que contre moi

Les templiers alors animèrent le roi.

Je ne mêlerai point les droits de ma vengeance

Aux intérêts publics du prince et de la France ;

Mais de ces intérêts si nous sommes chargés,

Le monarque et l'état seront bientôt vengés.

LE CHANCELIER.

De tous les chevaliers la haine redoutable

Chaque jour contre nous devient plus implacable.

LE MINISTRE.

Jaloux de mon pouvoir, rivaux de mon crédit,

Si le roi m'encourage, ou la cour m'applaudit,

De leur haine soudain éclate le murmure :

Chacun de mes succès leur paraît une injure.

Et moi, des templiers ennemi sans retour,

J'osai les accuser, les poursuivre à mon tour.

De leurs vils attentats votre active prudence

Enfin a préparé la preuve et la vengeance.

LE CHANCELIER.

L'inquisiteur partout a des agents secrets ;

S'il devait seulement venger nos intérêts,

On pourrait suspecter sa promesse et son zèle;

Mais lorsqu'il doit punir, croyez qu'il est fidèle.

On vient.... c'est le monarque.

SCÈNE IV.

LES MÊMES, LE ROI, MARIGNI fils, SUITE DU ROI.

LE ROI *au ministre.*

              Annoncez à ma cour

Que ce palais sera désormais mon séjour (1).

LE MINISTRE.

Chacun auprès de vous s'honore d'y paraître;

La cour s'empressera....

       LE ROI *au chancelier.*

          Parlez-moi du grand-maître.

Souscrit-il à son sort?

       LE CHANCELIER.

            Sire, je suis confus

D'avoir subi pour vous l'orgueil de ses refus.

---

(1) Le même jour que les templiers furent arrêtés,
le roi se saisit du Temple, y alla loger, y mit son trésor
et les chartres de France. (*Dupui, p.* 10.)

LE MINISTRE.

Si les armes pouvaient appuyer sa querelle,
Sans doute nous aurions à combattre un rebelle;
Mais votre garde entoure et remplit ce palais,
Et d'une vaine audace arrête les projets.

LE ROI.

Je l'avoûrai, long-temps j'ai refusé de croire
Que tant de chevaliers, émules de ma gloire,
Se fussent avilis par l'horrible attentat
D'insulter à l'église et de trahir l'état;
Je n'osais démentir leur noble renommée.
Marigni, votre fils revient de l'Idumée;
J'ai su qu'à côté d'eux il avait combattu;
Qu'il parle, que peut-il attester?

MARIGNI fils.

                    Leur vertu.
Sire, pardonnez-moi ce langage sincère,
Je dis la vérité, je ne puis vous déplaire.

LE MINISTRE.

Quoi! mon fils, lorsqu'ils sont accusés par le roi!

LE ROI.

Qu'il parle, je le veux.

MARIGNI fils.

         Vous l'exigez de moi ;
Je remplis un devoir, lorsque je rends hommage
Au dévoûment pieux, aux vertus, au courage.
J'admirai dans les camps ces braves chevaliers ;
Chrétiens toujours soumis, intrépides guerriers,
De tous les malheureux protecteurs charitables,
C'est aux seuls musulmans qu'ils étaient redoutables.
Sire, dans les périls les a-t-on vus jamais
Payer de leur honneur ou la vie, ou la paix ?
S'ils ne peuvent toujours obtenir la victoire,
Ils obtiennent du moins la véritable gloire,
Que leur zèle poursuit en tout temps, en tout lieu ;
Ils meurent pour leur roi, leur patrie et leur Dieu.

    Dans les murs de Sáphad (1) une troupe enfermée,
Ne pouvant plus combattre une nombreuse armée,
Se rend ; et le vainqueur, lâchement irrité,
Malgré le droit des gens, jusqu'alors respecté,
Veut que les chevaliers renoncent à leur culte ;
Mais il prodigue en vain la menace et l'insulte ;
En vain par ses bourreaux il les fait outrager ;

-----

(1) Le fait est historique.

Intrépides encor dans ce nouveau danger,

Tous marchent à la mort d'un pas ferme et tranquille;

On les égorgea tous : sire, ils étaient trois mille.

    Et lorsque, combattant sur les bords du Jourdain,

Un grand-maître resta captif de Saladin;

Frappé de ses vertus, les égalant peut-être,

Le sultan proposait d'échanger le grand-maître;

Déjà les chevaliers souscrivaient un traité :

« J'ai condamné ma vie à la captivité (1),

».Leur dit ce digne chef, en répandant des larmes,

» Le jour où la victoire abandonna nos armes,

» On me chargea de fers, quand je voulais périr:

» De mon malheur du moins je saurai me punir;

» Je garderai mes fers; ils pourront vous apprendre

» Que vous devez mourir plutôt que de vous rendre;

» Instruits par mes revers, vous n'hésiterez pas

» De périr avec gloire au milieu des combats. »

Voilà de quels exploits leur courage s'honore;

Voilà ce qu'ils ont fait, ce qu'ils feraient encore.

LE ROI.

Vous vantez leur valeur ! tous les jours un soldat

S'immole obscurément au salut de l'état;

____

(1) Historique.

Et souvent un guerrier qui se couvrit de gloire,
Rapporte dans nos cours l'orgueil de la victoire :
Ainsi les templiers, trop fiers de leur valeur,
Même en servant l'état méditaient son malheur.
Bientôt vous connaîtrez leurs complots redoutables.

LE MINISTRE.

Il aidera lui-même à punir les coupables.

LE ROI *au ministre et au chancelier.*

C'est le trône et l'autel qu'il s'agit de venger.
Mais quand notre prudence écarte le danger,
Prenez soin qu'on ne puisse accuser ma mémoire.

LE CHANCELIER.

Nous voulons vous venger et servir votre gloire.

LE ROI.

Que la France, l'Europe et la postérité
Disent : Ils ont péri, mais ils l'ont mérité.
 Quelques faits éclatants ont illustré mon règne :
Il faut que l'étranger me respecte ou me craigne.
Le Français me chérit, depuis qu'en nos états,
Où délibéraient seuls les grands et les prélats,

Le premier, j'ai du peuple introduit le suffrage (1);

Le peuple dans nos lois honore son ouvrage.

Le pontife romain, hardi dans ses projets,

Ne voyait dans les rois que des premiers sujets :

Un prêtre de nos lois se prétendait l'arbitre.

J'ai bravé son audace, en respectant son titre;

Et tandis que le bruit de ses foudres sacrés

Épouvantait encor les peuples égarés,

Moi, discutant les droits de l'autel et du trône,

J'ai contre la thiare élevé la couronne,

Et d'un pontife altier réprimant les vains droits,

J'aurai de sa tutelle affranchi tous les rois (2).

---

(1) Philippe-le-Bel admit le tiers-état dans l'assemblée des *états-généraux*, ainsi nommés depuis la réunion des trois ordres, en 1302.

(2) Voyez le recueil : *Acta inter Bonifacium VIII et Philippum pulchrum regem christ.* — L'histoire des différends de Philippe-le-Bel avec Boniface VIII.

Boniface VIII et Clément V ont été jugés sévèrement par le Dante qui, dans les 19e. et 27e. chants de sa *Divina comedia*, les place tous les deux dans l'enfer.

Diverses éditions de la *Divina comedia* ont été dédiées aux papes. Celle de 1544, in-4°., à Paul III; celle de 1564, in-fol., à Pie IV; celle de 1732 à Clément XII.

Les exploits d'Édouard menacent-ils la France ?

Il expie aussitôt sa superbe imprudence.

L'Anglais fuit, et laissant nos rivages déserts,

Met entre nous et lui la barrière des mers.

Aux flots de l'océan il demande un asile ;

La terreur de mon nom le poursuit dans son île ;

Justement effrayé de mes hardis projets,

En vassal de ma gloire, il accepte la paix (1).

Si les Flamands d'abord vainquirent mon armée,

J'ai fait de leurs succès taire la renommée ;

Moi-même, combattant dans les plaines de Mons,

J'ai du jour de Courtrai réparé les affronts ;

Jusqu'au pied des autels consacrant ma victoire,

Un monument pieux en garde la mémoire (2) ;

---

(1) Philippe chassa les Anglais du continent ; il entreprit une grande expédition contre l'Angleterre ; la flotte française débarqua au port de Douvres, sous le commandement de Mathieu de Montmorency et de Jean d'Harcourt.

(2) Après la bataille de Mons en Puelle, le roi vainqueur, disent quelques historiens, entra à cheval dans l'église de Notre-Dame de Paris : il avait les mêmes armes et le même cheval dont il s'était servi dans le combat. En mémoire de cet acte de piété, on érigea dans l'église la statue équestre de ce roi. Elle a été détruite depuis peu d'années.

Et mes exploits peut-être ont déjà mérité

D'obtenir un regard de la postérité.

Ainsi , quand nous vengeons les droits du diadème,

Honteux de mes succès j'en gémirais moi même,

Si jamais on pouvait accuser mon courroux

D'avoir aux templiers porté d'injustes coups.

Ah ! je préfèrerais, noblement téméraire ,

Provoquer aux combats leur audace guerrière,

D'une lente victoire affronter le danger,

Les attaquer en roi, combattre et me venger.

Qu'une dernière fois le conseil se rassemble ;

Quelque puissant qu'il soit, que tout coupable tremble.

Mais , d'après vos avis , si nous reconnaissons

Que nous n'avions contr'eux que d'injustes soupçons ,

Je veux avec honneur moi-même les absoudre :

Il est encore temps de retenir la foudre.

FIN DU PREMIER ACTE.

ACTE II.

SCÈNE PREMIERE.

MARIGNI fils, *seul.*

ADÉLAÏDE! ô ciel! devais-je te revoir?
Je n'ai fait qu'irriter mon affreux désespoir.
En m'aimant, tu crois suivre un penchant légitime;
O malheur! notre hymen désormais est un crime.
Quel funeste secret il faut te révéler!
Ah! je ne puis me taire et frémis de parler.
Expliquons-nous : l'honneur, le devoir, tout l'ordonne.
La reine en cet instant m'appelle au pied du trône;
Protégeant notre hymen, vient-elle m'annoncer
Un destin qui jadis.... Je la vois s'avancer.

SCÈNE II.

LA REINE, SUITE, MARIGNI fils.

LA REINE.

Depuis long-temps je dois récompenser le zèle
D'un guerrier généreux et d'un sujet fidèle;

D'Adélaïde enfin soyez l'heureux époux,

Son bonheur désormais ne dépend que de vous.

Marigni, j'ai voulu vous l'annoncer moi-même.

Lorsque l'hymen m'offrit un nouveau diadème,

J'acceptai, (mais sans nuire à mes premiers sujets)

La gloire de régner sur le peuple français.

On exigeait en vain qu'une telle alliance

Asservît la Navarre aux destins de la France ;

Du sort de mes états mon cœur fut trop jaloux

Pour les abandonner au sceptre d'un époux (1).

De leur bonheur futur sagement inquiète,

Je voulus par moi-même acquitter cette dette ;

Je régnai sang partage, et tous les Navarrois

Ont respecté, chéri la fille de leurs rois.

Leur bonheur fait le mien, et je vous le confie ;

Conduisez auprès d'eux une épouse chérie,

Gouvernez en mon nom mes fidèles sujets,

Et qu'ils mettent mon choix au rang de mes bienfaits.

MARIGNI fils.

Reine illustre ! la France, et la cour, et l'armée,

Retentiront toujours de votre renommée ;

---

(1) Jeanne de Navarre gouvernait elle-même son
royaume, quoique reine de France.

Les Français triomphants, les ennemis vaincus,
Honorent votre gloire, admirent vos vertus.
Le peuple, dont vos soins adoucissent la peine,
Connaît à vos bienfaits que vous êtes sa reine;
Votre sexe par vous montre l'art de régner;
Vous savez à la fois combattre et gouverner.
Quel destin vous m'offrez! quoi! du haut de ce trône
Où la gloire s'assied, que la pompe environne,
Vos augustes regards descendent jusqu'à moi!
Disposez de mon zèle, et comptez sur ma foi.
Ah! que ne puis-je, aimé d'une épouse chérie,
Seconder vos desseins, leur consacrer ma vie,
Faire régner pour vous les vertus et l'honneur?
Mais je ne suis point né pour un pareil bonheur.

LA REINE.

Qu'entends-je, Marigni! votre refus m'étonne.
Quoi! lorsque mes bontés vous rapprochent du trône,
Lorsque votre vertu servirait mes projets,
Vous dédaignez....

MARIGNI fils.

O reine!

LA REINE.

Expliquez-vous.

MARIGNI fils.

                              Jamais,

LA REINE.

Quel motif?

MARIGNI fils.

Un secret.....

LA REINE.

              Ah ! parlez, je l'exige.

MARIGNI fils.

Hélas ! si vous saviez....

LA REINE.

              Je l'ordonne , vous dis-je.

MARIGNI fils.

Eh bien ! connaissez donc mon désespoir affreux ;
Vous me plaindrez ; mon sort sera moins malheureux.
    Du prince de Béarn j'aimai l'illustre fille ;
Je fus aimé , j'obtins l'aveu de sa famille.
Mais le roi (pardonnez si je m'en plains à vous)
Offrit Adélaïde aux vœux d'un autre époux.
Pouvais-je être témoin de ce triste hyménée,
Qui devait à jamais la rendre infortunée ?
Je déserte la cour, je m'exile soudain ;
Je m'éloigne et parviens aux rives du Jourdain ;

Au milieu des périls que j'affronte avec gloire,

Je demande la mort et j'obtiens la victoire;

Partout mon désespoir assurait mes succès.

Je guidais aux combats ces chevaliers français,

Qui, pour venger Sion, combattent l'infidèle:

Hélas! ces chevaliers, pour honorer mon zèle,

Vainement de lauriers couronnent ma valeur,

La gloire est sur mon front, le deuil est dans mon cœur.

Séparé de mon père, absent de ma patrie,

Désespéré, pleurant une amante chérie,

Dans mes tristes regrets n'osant même en parler,

Je crus que Dieu lui seul pouvait me consoler.

On sait à quels devoirs les défenseurs du temple

Consacrent saintement leur vie et leur exemple;

Parmi ces chevaliers je comptais des amis;

Dans leurs rangs belliqueux je consens d'être admis,

Et bientôt un serment, funeste, irrévocable....

LA REINE.

Irrévocable! ô ciel!

MARIGNI fils.

      Épargnez un coupable.

Aux marches de l'autel prosterné chaque jour,

Je demandais à Dieu d'éteindre mon amour.

Insensé ! de mes pleurs baignant le sanctuaire,
Je tremblais que le ciel n'exauçât ma prière.
Cependant, soutenu de secours étrangers,
L'ennemi tout à coup ramène les dangers ,
Porte jusqu'en nos murs la flamme et le carnage.
Nos chevaliers au nombre opposent le courage ;
Vains efforts ! jour affreux ! nul n'accepte des fers.
La gloire a raconté nos illustres revers :
Je survis presque seul. Cette triste journée
A mes yeux tout à coup change ma destinée.
Je vois que les amis témoins de mes serments
Ont péri sous les coups des vainqueurs musulmans ;
La flamme a dévoré les sacrés caractères
De mes serments écrits témoins dépositaires ;
Mon funeste secret n'est connu que de moi ;
Adélaïde encor me conservait sa foi,
De fidèles avis m'en donnaient l'assurance ;
Je pars au même instant , je vole vers la France.
Vous ferai-je l'aveu des transports d'un amant,
Du projet insensé de trahir mon serment ?
Déserteur de l'autel et chevalier perfide,
J'osais prétendre encore au cœur d'Adélaïde.
Tout servait à la fois et secondait mes vœux.
Je vois les templiers proscrits et malheureux,

Un généreux remords a ranimé mon zèle :
Au jour de leurs revers je leur serai fidèle;
Et je ferai céder, malgré mon désespoir,
L'amour à la vertu, le bonheur au devoir.

LA REINE.

Oui, le ciel vous appelle à servir l'innocence.
Des chevaliers proscrits vous prendrez la défense ;
Vous les assisterez dans leur pressant danger ;
Je les crois innocents, j'ose les protéger.

MARIGNI fils.

Quoi ! vous-même !... Pour moi quel exemple sublime !

LA REINE.

Je me range toujours du parti qu'on opprime.
Vous me seconderez ; j'aurai soin cependant
Que vous ne hasardiez qu'un courage prudent.
Votre fatal secret vous appartient encore ;
Il faut qu'Adélaïde elle-même l'ignore ;
Il faut le taire au prince, à votre père, à tous.
Je sais pour quel dessein le roi compte sur vous ;
J'apprends, mais en secret, que dans ce jour peut-être,
Tous seront arrêtés, chevaliers et grand-maître :
De ces braves guerriers on craint le désespoir,

Et de les arrêter on vous fait un devoir :
Ne refusez pas.

MARIGNI fils.

Moi !

LA REINE.

Votre père a d'avance
Annoncé votre zèle et votre obéissance.

MARIGNI fils.

Mon père vainement s'est engagé pour moi ;
Mes refus braveraient et mon père et le roi.

LA REINE.

Vous livrez ces proscrits à la haine implacable !
Prévoyez donc leur sort.

MARIGNI fils.

Qu'un autre en soit coupable.

LA REINE.

Moi qui veux les sauver, je tremble, je frémis,
S'ils sont abandonnés à leurs vils ennemis.
Quand l'envie et la haine accablent l'innocence,
Lui refuserez-vous votre noble assistance ?
Ah ! combien j'applaudis ces mortels généreux
Qui, redoublant de zèle en des temps malheureux,

8

Des rigueurs de la loi ministres magnanimes,
Sans trahir le pouvoir consolent ses victimes !

MARIGNI fils.

A ces infortunés je promets mon secours ;
Je puis, je dois pour eux sacrifier mes jours ;
Mais que des oppresseurs je paraisse complice !
Non, vous n'exigez pas ce cruel sacrifice.

LA REINE.

C'est l'unique moyen de veiller sur leur sort ;
Pensez que d'autres mains les livrent à la mort.
Ils connaîtront par vous que je prends leur défense·
Faites dans leur prison descendre l'espérance.
Vous seul pouvez servir les desseins généreux
Que la vertu, l'honneur m'inspireront pour eux.
Je ne m'explique pas.... Cédez, je vous l'ordonne.
S'il faut que leur prière arrive jusqu'au trône,
C'est vous seul, quel emploi digne de votre cœur !
C'est vous qui plaiderez la cause du malheur.
A détromper le roi moi-même je m'engage,
Et dans ce grand revers j'exige un grand courage.
Des mortels généreux vous craignez les mépris :
Leur estime est sacrée, et j'en connais le prix ;

Mais c'est de la vertu le dévoûment sublime,

Quand, pour faire le bien, nous perdons cette estime.

Non, vous n'hésitez plus.... Je vais auprès du roi,

Et mes ordres bientôt vous attendront chez moi.

SCÈNE III.

MARIGNI fils, *seul.*

O ciel! qu'exige-t-on? Notre cause est commune;

Nous sommes compagnons de gloire et d'infortune;

Avec eux je devrais et combattre et mourir.

Mais la reine pourtant voudrait les secourir:

Que dis-je? elle protège et leur vie et leur gloire:

Sa vertu m'a parlé, puis-je ne pas l'en croire?

C'est trop délibérer, servons ces malheureux;

Je cède à mon destin qui m'entraîne auprès d'eux.

Hélas! pour secourir l'innocence opprimée,

Je donnerais mon sang.... donnons ma renommée.

O pénible vertu! faudra-t-il en ce jour

Te sacrifier tout, gloire, espérance, amour?...

SCENE IV.

LE MINISTRE, MARIGNI fils.

LE MINISTRE.

Le monarque permet que ton hymen s'apprête ;
Sa présence et ses dons embelliront la fête.
Mérite, ô mon cher fils ! les bontés de ton roi ;
Que ton zèle soit digne et du trône et de moi.
Des templiers proscrits embrassant la défense,
Tu t'es rendu coupable au moins d'une imprudence ;
Mais je l'ai réparée, et le roi t'a permis
De servir ses projets contre nos ennemis.
Je crains leurs partisans, je crains le connétable :
On s'agite en faveur de cet ordre coupable ;
Il faut intimider et la cour et Paris ;
Nous voulons tout à coup enchaîner les proscrits,
Et de leur résistance éviter le scandale.
Expiant de mon fils l'imprudence fatale,
Je viens de demander et d'obtenir pour toi
L'honneur de diriger la vengeance du roi.

MARIGNI fils.

O mon père !

LE MINISTRE.

Obéis à cet ordre suprême :
Refuser c'est te perdre, et me perdre moi-même.

SCÈNE V.

LES MÊMES, LE ROI, LE CHANCELIER.

LE ROI.

Eh bien ! des templiers l'indomtable fierté
Fléchira-t-elle enfin devant ma volonté ?
Ou, par une coupable et vaine résistance,
Appellent-ils sur eux l'éclat de ma vengeance ?

LE MINISTRE.

Moi-même j'ai rempli ce message important :
Tous se sont devant moi rassemblés à l'instant.
« Des lieux, leur ai-je dit, où brilla votre gloire,
» Vous êtes à jamais bannis par la victoire,
» Et depuis vos revers l'ordre n'existait plus :
» Vous perdîtes vos droits quand vous fûtes vaincus.
» Obéissez enfin, votre intérêt l'ordonne.
» Accusés de trahir et l'autel et le trône,
» Quand on peut vous livrer au glaive de la loi,
» C'est vous justifier que d'obéir au roi.

» Un coupable refus vous perd, je vous l'annonce. »
Je ne vous parle point, sire, de leur réponse,
Ni des discours hautains qu'ils ont osé tenir;
Il ne faut désormais songer qu'à les punir.

LE ROI.

Non, je n'hésite plus. Leur fierté criminelle
Aux bienfaits du monarque est encore rebelle!

LE CHANCELIER.

Ces refus insolents vous expliquent assez
De quels affreux périls nous étions menacés;
Vous n'en avez que trop retardé la vengeance.

LE ROI.

Je la dois à l'église, à l'Europe, à la France.
Partout les templiers menacent à la fois
Le bonheur des sujets, l'autorité des rois.
Voyez dans l'Arragon leur vigilante adresse
D'Alphonse vieillissant suborner la faiblesse;
Des droits de sa couronne il les nomme héritiers (1).
Quel orgueil enivrait ces superbes guerriers!

____

(1) Alphonse Ier., roi d'Arragon et de Navarre,
se voyant sans postérité, avait, par son testament,
nommé les templiers et les hospitaliers pour ses suc-

De la gloire des rois leur audace rivale,
Sous le dais, sur le trône eût assis le scandale,
Si le peuple, les grands, et le vœu de la loi
N'eussent créé contre eux un légitime roi.

Que les bienfaits publics aient excité leur zèle,
Tandis que leur bravoure attaquait l'infidèle,
Il le fallait alors. Leurs exploits glorieux
Détournaient de l'Europe un torrent furieux ;
Contre le musulman ils servaient de barrière.
Mais il a terrassé leur audace guerrière,
L'Orient reconnaît un vainqueur menaçant,
Et l'étendard sacré fuit devant le croissant.
Les nombreux templiers que la victoire exile
Espèrent dans l'Europe obtenir un asile.
On les verrait d'abord dociles et soumis ;
Mais bientôt relevant leurs projets ennemis,
Dès qu'ils auraient fondé les droits de leur puissance,
Ils s'armeraient encor de leur indépendance.

LE CHANCELIER.

La thiare insultait au sceptre de nos rois ;
Comment ces chevaliers vengèrent-ils vos droits ?

____

cesseurs aux couronnes de Navarre et d'Arragon ;
mais les deux nations se choisirent d'autres souverains.

Le dirai-je? en public, le faste de leur zèle
Par des discours pompeux servait notre querelle;
En secret leurs trésors, leur crédit redouté
Du pontife romain excitaient la fierté (1).

LE ROI.

S'ils outrageaient ainsi l'honneur du diadème,
Dans leurs rites secrets l'audace et le blasphême,
Insultant l'Éternel et méprisant ses lois,
Contre lui s'exerçaient à détrôner les rois.
L'Europe n'attendait qu'un signal, je le donne;
Soudain les autres rois, s'ils sont dignes du trône,
Voudront punir le crime et venger leur affront :
Nul n'eût donné l'exemple, et tous l'imiteront (2).
      (*Au Ministre.*)
Votre fils est-il prêt? C'est avec confiance....

LE MINISTRE.

Du zèle de mon fils j'ai donné l'assurance;

---

(1) Dans les débats entre Philippe-le-Bel et Boniface VIII, les templiers parurent prendre le parti
du roi; mais on les soupçonna d'avoir appuyé en
secret l'audace du pape.

(2) Philippe-le-Bel provoqua par son exemple et
par ses exhortations tous les autres princes de l'Europe à poursuivre les templiers.

Je veillerai sur tout; je réponds du succès.

SCÈNE VI.

LES MÊMES, UN OFFICIER.

L'OFFICIER.

Sire, le connétable entre dans ce palais;
Il demande l'honneur d'être admis.

LE ROI.

Qu'il paraisse.

SCÈNE VII.

LES MÊMES, hors L'OFFICIER.

LE MINISTRE *au roi.*

Au sort des templiers je sais qu'il s'intéresse.
Vous verrez à vos pieds leurs amis, leurs parents:
Quand les coups tomberaient même sur nos enfants,
L'intérêt de l'état commande qu'on punisse:
Intercéder pour eux, c'est être leur complice.

MARIGNI fils.

Ah! mon père, souffrez....

LE MINISTRE.

Vous, mon fils, suivez-moi ;
Je vous expliquerai les volontés du roi.

(Il sort et emmène son fils.)

SCENE VIII.

LE ROI, LE CHANCELIER, LE CONNÉTABLE.

LE CONNÉTABLE.

Sire, vous permettrez qu'un serviteur fidèle
Vous offre en cet instant la preuve de son zèle.

LE ROI.

Connétable, parlez.

LE CONNÉTABLE.

Le chef de vos guerriers
Défendra devant vous l'honneur des templiers.
S'il faut juger de tous, sire, par le grand-maître,
Aucun d'eux n'est coupable, ils ne peuvent pas l'être.
A mes côtés souvent leur chef a combattu ;
Les ennemis et moi connaissons sa vertu.
Généreux à la cour, intrépide à l'armée,
Il jouit d'une illustre et digne renommée ;

La haine le poursuit, mais il est innocent;

J'oserais le défendre au prix de tout mon sang.

Daignez....

LE ROI.

Je suis surpris, j'ai quelque droit de l'être :

Pour la première fois vous louez le grand-maître;

Vous n'en aviez jamais parlé comme aujourd'hui.

LE CONNÉTABLE.

Sire, ses actions parlaient assez pour lui.

Je sais qu'en cet instant on craint de le défendre,

Et j'aime à le louer, quand il ne peut m'entendre.

J'admirais le grand-maître au milieu des combats;

Sire, je l'imitais et ne le vantais pas.

Mais il est malheureux, j'offre mon témoignage ;

J'atteste ses vertus, son zèle, son courage;

Aucun de vos guerriers, capitaine ou soldat,

Plus que lui ne chérit et son prince et l'état.

Dois-je vous rappeler ses exploits honorables ?

SCÈNE IX.

LES MÊMES, LE MINISTRE.

LE MINISTRE.

Sire, bientôt mon fils arrête les coupables;

Vous pouvez les livrer sans crainte et sans danger,
Au tribunal sacré choisi pour les juger.
Je vous promets la preuve et l'aveu de leurs crimes.

LE CONNÉTABLE.

Ce sont des accusés et non pas des victimes ;
C'est donc aux seuls Français, ministres de la loi,
De venger, s'il le faut, la patrie et le roi.
On donnerait pour juge un prêtre inexorable !

LE ROI.

Partout où ses regards rencontrent un coupable,
Le devoir de ce juge est de le condamner :
Les rois sont plus heureux, ils peuvent pardonner.
Ces guerriers insultaient notre sainte croyance ;
C'est à l'inquisiteur de juger cette offense ;
Oui, lui seul doit punir ces horribles forfaits ;
C'est le vœu de la loi, c'est celui des Français.
Ces ministres sacrés, dont l'austère franchise,
Devant le souverain, parle au nom de l'église,
Ces premiers magistrats, dont l'éloquente voix
M'implore au nom du peuple ou m'expose ses droits,
Tous mes sujets enfin dénoncent de grands crimes ;
Je cède et dois céder à ces vœux unanimes.

(Au ministre.)

L'inquisiteur m'attend et demande à me voir ;

C'en est fait : employons son terrible pouvoir ;

D'un parti criminel déconcertons l'audace.

(Au connétable.)

L'aveu des accusés peut seul obtenir grâce.

SCENE X.

LE CHANCELIER, LE MINISTRE, LE CON-NÉTABLE.

LE CONNÉTABLE.

C'est vous, dont les avis ont décidé le roi

A livrer ces guerriers au glaive de la loi !

Je vous le dis encore, ils ne sont pas coupables ;

De leur sort désormais vous êtes responsables.

LE MINISTRE.

Comme vous, nous songeons au salut de l'état ;

Vos avis prévaudront dans un jour de combat :

Élevé dans les camps, un guerrier magnanime

Refuse noblement de soupçonner le crime.

LE CONNÉTABLE.

Ici je le soupçonne et veux le prévenir.

Craignez de l'achever ? on pourrait le punir.

Dans le champ de l'honneur il nous faut du courage,

Mais je vois qu'en ces lieux il en faut davantage :

Tel marche à l'ennemi sans être épouvanté,

Qui n'ose dans les cours dire la vérité ;

Moi, j'oserai la dire.

(Il sort.)

SCENE XI.

LE MINISTRE, LE CHANCELIER.

LE CHANCELIER.

En vain il nous menace ;

Hâtons-nous, et bravons ses cris et son audace.

LE MINISTRE.

Peut-être un même jour verra tous ces proscrits

Accusés, détenus, condamnés et punis.

FIN DU SECOND ACTE.

ACTE III.

SCENE PREMIERE.

LE GRAND-MAITRE, LAIGNEVILLE, MONT-
MORENCY , DIVERS TEMPLIERS.

LE GRAND-MAITRE.

Pour la dernière fois vous entendez peut-être
Celui que devant Dieu vous choisîtes pour maître.
Nous, qui nés et vieillis au milieu des combats,
Pouvons de l'Éternel nous dire les soldats,
Qui portions dans nos mains les foudres de la guerre,
Dieu nous livre aux fureurs des princes de la terre.
Oui, notre heure s'approche : amis, soumettez-vous ;
Fléchissons sous le bras qui s'arme contre nous :
Quand la vertu subit la peine due au crime,
Du sage et du chrétien c'est l'épreuve sublime.
D'un funeste revers nous sommes menacés ,
Mais si notre vertu nous reste, c'est assez.
Supportons noblement cette cruelle injure ;
Je vous défends à tous jusqu'au moindre murmure ,

Et vous obéirez. C'est en vain que les rois
Osent anéantir nos titres et nos droits;
Ils ne pourront jamais, dans leur toute-puissance,
Me ravir votre zèle et votre obéissance;
Ils briseraient envain le joug religieux :
Nos devoirs, nos serments sont écrits dans les cieux.
Lorsque Dieu nous éprouve, armons-nous de courage :
C'est à notre constance à braver cet orage.
Au milieu des dangers, j'espère vous offrir
L'exemple, la vertu, la gloire de souffrir.
Mais, si, dans ces dangers, la vertu du grand-maître
Cessait d'être un instant tout ce qu'elle doit être;
Oui, si vous me voyez chancelant, abattu,
Ne prenez plus conseil que de votre vertu;
Résistez, s'il le faut, à mes ordres suprêmes,
Je vous rends vos serments, soyez grands par vous-mêmes.
Vous me le promettez.

LAIGNEVILLE.

Qui pourrait se flatter
D'être digne de vous et de vous imiter ?
O mon père ! la foi que nous avons jurée,
Au jour de nos malheurs nous devient plus sacrée :
Obéir en silence est un premier devoir :
Tout vous sera soumis, même le désespoir.

LE GRAND-MAITRE.

O dignes chevaliers !

MONTMORENCY.

        Tous obtiendront peut-être
La gloire de marcher sur les pas du grand-maître ;
Comptez sur leur constance et leur fidélité :
Tous pensent comme moi.

LE GRAND-MAITRE.

          Je n'en ai pas douté ;
J'ai souvent éprouvé leur dévoûment sublime :
Eux-mêmes jugeront si mon cœur les estime.
Je croirais offenser l'honneur et l'amitié,
Si, par les vains égards d'une fausse pitié,
Je taisais plus long-temps à des cœurs magnanimes
Que de nos oppresseurs nous serons les victimes.
Le pontife romain aide nos ennemis ;
Son coupable serment l'avait déjà promis.
Il nous dénonce tous comme une secte impie :
L'oracle de la foi prêche la calomnie.
Nous mourrons.

LAIGNEVILLE.

Quel destin !...

LE GRAND-MAITRE.

J'ai dû vous l'annoncer.
Quel est ce sombre effroi qui semble vous glacer ?
Oui, nous mourrons : c'est peu que de perdre la vie;
Peut-être l'échafaud....

MONTMORENCY.

Ciel ! quelle ignominie !

LAIGNEVILLE.

Idée affreuse ! hélas ! je ne puis la souffrir !...

LE GRAND-MAITRE.

Et que sera-ce donc quand il faudra mourir ?

LAIGNEVILLE.

Mais avant de subir la honte du supplice ,
N'avons-nous pas le droit d'attaquer l'injustice?

MONTMORENCY.

Nos parens , nos amis peuvent armer leurs bras ;
Osons....

LE GRAND-MAITRE.

La vertu souffre et ne conspire pas.

Est-ce à nous d'attaquer un pouvoir légitime ?

Une révolte ! nous ? que ferait donc le crime ?

Sans honte et sans terreur subissons notre sort ;

Que l'horreur du supplice illustre notre mort ;

Nous laisserons de nous une auguste mémoire,

Et la postérité vengera notre gloire.

Mais on vient : renfermez ce trouble et cet effroi.

SCÈNE II.

LES MÊMES, MARIGNI fils, SOLDATS.

MARIGNI fils.

Chargé d'exécuter les volontés du roi,

Je m'acquitte à regret de ce devoir pénible ;

Croyez qu'à votre sort je sais être sensible.

LE GRAND-MAITRE.

Eh quoi ! sur nos malheurs on daigne s'attendrir !

Osez les annoncer, nous saurons les souffrir.

Exécutez soudain les ordres qu'on vous donne,

Et croyez que mon cœur vous plaint et vous pardonne.

Qu'exigez-vous enfin de tous mes chevaliers ?

MARIGNI fils.

(*A part.*)   (*Haut.*)

serai-je le dire ?... Ils sont mes prisonniers.

LE GRAND-MAITRE.

Forts de notre courage et de notre innocence,
Nous avons quelque droit de faire résistance ;
Peut-être savez-vous avec quelle vertu
Ces braves chevaliers ont partout combattu....
Eh bien ! entre vos mains chacun de nous se livre ;
Chacun de nous est prêt et consent à vous suivre.

(Ils remettent leurs épées ; les soldats les reçoivent,
et se retirent au fond du théâtre.)

Mais ne nous cachez rien : annoncez notre sort ;
Quel est-il ? la prison, l'exil, les fers, la mort
Nous vous obéirons.

MARIGNI fils.

O vertu que j'admire !

LE GRAND-MAITRE.

N'admirez que le ciel, c'est lui qui nous l'inspire.

MARIGNI fils.

Ah ! combien je vous plains !

LE GRAND-MAITRE.

Plaignez ces courtisans
Qui, de tous nos malheurs coupables artisans,

Ont armé contre nous le courroux de leur maître ;
Ils seront malheureux, ils méritent de l'être (1).

MARIGNI fils.

Croyez que vos amis détromperont le roi.

LE GRAND-MAITRE.

Je ne l'espère pas. Et qui l'oserait ?

MARIGNI fils.

Moi.

Aux ordres de mon roi je dois l'obéissance,
Mais j'ose devant lui défendre l'innocence.
J'ai pris votre parti, je le prendrai toujours :
Ah ! puissé-je sauver votre gloire et vos jours !

LE GRAND-MAITRE.

Mais à qui devons-nous tant de reconnaissance !
Qui daigne en cet instant prendre notre défense ?
Nommez....

MARIGNI fils.

Je suis le fils d'un ministre du roi,
Marigni.

---

(1) Au commencement du règne suivant, Marigni
père fut condamné à mort.

LE GRAND-MAITRE, *avec surprise, et ensuite avec*
retenue.

Marigni !... c'est vous-même.

MARIGNI fils.

                     Mais quoi ?

Vos yeux....

LE GRAND-MAITRE.

De notre sort hâtez-vous de m'instruire.

MARIGNI fils.

Aux prisons du palais je devais vous conduire.

LE GRAND-MAITRE.

Vous direz donc au roi qui nous charge de fers,
Que loin de résister nous nous sommes offerts.
On peut dans les prisons entraîner l'innocence ;
Mais l'homme généreux, armé de sa constance,
Sous le poids de ses fers n'est jamais abattu ;
S'ils pèsent sur le crime, ils parent la vertu.
Où sont nos fers ? nos fers ?

MARIGNI fils.

                  Quelle honte m'accable !

LE GRAND-MAITRE.

Remplissez ce devoir.

MARIGNI fils.

Je serais trop coupable.

LE GRAND-MAITRE.

Vous désobéissez aux volontés du roi !

MARIGNI fils.

Je cesse d'obéir, c'est un devoir pour moi.

LE GRAND-MAITRE.

Vous qui le connaissez, redoutez donc sa haine.

MARIGNI fils.

Ah ! c'est trop la servir. Votre mort est certaine.

LE GRAND-MAITRE.

Obéissez toujours. Non, nous n'espérons pas
Désarmer l'injustice, échapper au trépas.
Lorsque l'ordre n'est plus, qu'importe notre vie ?
Quand nous trouvons partout l'affreuse calomnie,
Si l'échafaud est prêt, c'est à nous d'y courir :
Que tout templier meure et soit fier de mourir.

MARIGNI fils.

Que tout templier meure !

LE GRAND-MAITRE.

Oui, je le dis encore,
Qui désire échapper déjà se déshonore;
Il est lâche, perfide, il trahit la vertu.
En vain jusqu'à ce jour il aurait combattu,
En vain il vanterait son nom et sa victoire,
Ce n'est plus qu'en mourant qu'il conserve sa gloire;
Oui, qu'il coure avec joie au-devant de son sort:
Que tout templier meure et soit fier de sa mort.

MARIGNI fils.

O ciel! un trait divin et m'éclaire et me touche;
C'est mon auguste arrêt qui sort de votre bouche:
Vos serments sont les miens; je tombe à vos genoux,
Et réclame l'honneur de mourir avec vous.
Sur moi de vos vertus que Philippe se venge:
Oui, je suis templier.

LE GRAND-MAITRE.

Je le savais.

MARIGNI fils.

Qu'entends-je?
Vous ne m'en parliez pas; vous vouliez m'éprouver?

LE GRAND-MAITRE.

Je priais en secret le ciel de vous sauver.

MARIGNI fils.

J'ai droit à vos périls.

LE GRAND-MAITRE.

                O mon fils ! j'aime à croire
Que vous partageriez notre sainte victoire.

MARIGNI fils.

Je la partagerai sans doute, je suis prêt.

LE GRAND-MAITRE.

Chacun des chevaliers vous rend votre secret;
Vivez, portez encor le fardeau de la vie ;
Défendez notre gloire; oui, je vous la confie.
Vivez, et qué le ciel daigne approuver mes soins :
Pour nos persécuteurs c'est un crime de moins.
    Toi qui lis dans les cœurs, juge auguste et suprême !
Ma prière et mes vœux se taisent pour moi-même ;
Que les hommes en moi frappent un innocent,
Blessent ma renommée et répandent mon sang,
Soumis et résigné, je me tais et j'adore ;
Mais pour mes chevaliers permets que je t'implore.

Du joug des musulmans nous avions délivré
Le Jourdain, l'Idumée et le tombeau sacré.
Fête auguste ! heureux jour où de la cité sainte
La prière et l'encens purifiaient l'enceinte !
Quand les murs consolés de l'antique Sion
Répondaient à nos chants consacrés de ton nom,
Lorsqu'aux pieds de l'autel où repose ta gloire
Ces modestes guerriers prosternaient leur victoire,
Je n'ai point demandé le prix de leur vertu.
Pour tes lois, pour ton nom, nous avions combattu ;
C'était assez pour nous. Aujourd'hui ma prière
Ose te demander une grâce dernière :
Que je périsse seul, qu'ils vivent après moi ;
J'espère qu'ils vivront toujours dignes de toi.
Oui, je m'offre pour tous, accepte la victime.

MARIGNI fils.

Grand Dieu ! n'accepte pas ce dévoûment sublime.

MONTMORENCY.

Nous suivrons votre sort.

LAIGNEVILLE.

Oui, nous l'avons juré.

MARIGNI fils.

C'est pour nous un devoir, et c'est un droit sacré.

SCENE III.

LES MÊMES, **LE MINISTRE.**

LE MINISTRE.

Pourquoi ce long retard ? Soldats , qu'on obéisse.

MARIGNI fils.

Quoi ! vous achèveriez cette horrible injustice !

LE GRAND-MAITRE *aux chevaliers.*

Marchons.

MARIGNI fils *au grand-maître.*

Je vous suivrai désormais en tout lieu.

LE MINISTRE *à son fils.*

Vous offensez le roi !

MARIGNI fils.

Mais j'obéis à Dieu.

LE GRAND-MAITRE *à Marigni fils.*

Restez.... n'oubliez pas que c'est là votre père.

(Ils sont entourés de soldats , et sortent.)

SCENE IV.

LE MINISTRE, MARIGNI fils.

MARIGNI fils.

Pour ces infortunés....

LE MINISTRE.

Crains ma juste colère.
Quoi ! dans mon fils encore ils trouvent un soutien !
Lorsque l'inquisiteur....

MARIGNI fils.

Leur sort sera le mien.

LE MINISTRE.

Que t'importe leur sort ?

MARIGNI fils.

Aux champs de l'Idumée,
Témoin de leurs vertus et de leur renommée,
A ces dignes guerriers mes serments ont promis...
Faut-il vous l'avouer ?

LE MINISTRE.

Achève, je frémis....
Envers les templiers ta promesse t'engage ?

MARIGNI fils.

Moi-même je le suis....

LE MINISTRE.

O désespoir! ô rage!
Toi templier! Faut-il que je maudisse en toi
L'opprobre de mon sang, l'ennemi de mon roi!
Aux regards de la cour oserai-je paraître?
Mon fils est templier! Non, tu ne peux pas l'être:
Il y va de ma gloire, il y va de mes jours.

MARIGNI fils.

Je le fus, je le suis, je le serai toujours.

LE MINISTRE.

Philippe les accuse et veut qu'on les punisse,
Et toi-même oserais t'avouer leur complice!

MARIGNI fils.

On a calomnié ces guerriers vertueux.

LE MINISTRE.

Comment me le prouver?

MARIGNI fils.

En mourant avec eux.

LE MINISTRE.

J'ai dévoué ma vie au monarque, à la France ;

Ta gloire et ton bonheur faisaient ma récompense.

Les honneurs, le pouvoir illustrent ma maison ;

Je prépare pour toi la splendeur d'un grand nom, —

Et sur un échafaud mon fils perdrait la vie !

Et moi j'hériterais de son ignominie !

Tu frémis ! Sois sensible à l'horreur de mon sort ;

Nous pouvons échapper à l'opprobre, à la mort ;

Oui, je réparerai ta coupable imprudence ;

Emporte ton secret, pars, fuis loin de la France.

MARIGNI fils.

Dans un jour de combat pourriez-vous exiger

Ou permettre ma fuite à l'aspect du danger ?

Fallût-il de mon sang acheter la victoire,

Garde, me diriez-vous, le poste de la gloire.

Eh bien ! je garderai celui de la vertu.

LE MINISTRE.

Ah ! quelle est ton erreur ! insensé ! que dis-tu ?

O honte ! ô désespoir ! faut-il que je t'apprenne

Combien les templiers ont mérité ta haine ?

C'était peu que leur bouche eût noirci mon honneur,

Eux seuls de ton hymen t'ont ravi le bonheur.

MARIGNI fils.

Et quand même envers moi tous se rendraient injustes,

Mes devoirs en sont-ils moins grands et moins augustes?

Mon père, vous pouvez m'accabler de douleur,

Mais je ne trahis pas le parti du malheur.

SCÈNE V.

LES MÊMES, LE CHANCELIER.

LE CHANCELIER.

De tous les accusés attestant l'innocence,

La reine contre nous prend déjà leur défense.

Bien loin de consentir qu'en ses propres états

On cherche à découvrir leurs lâches attentats,

Aux débris de cet ordre orgueilleux et coupable,

Elle offre d'assurer un asile honorable.

A la ville, à la cour, des partisans nombreux

Plaignent les templiers, sollicitent pour eux.

A notre fermeté joignez votre prudence,

Et que nos ennemis soient réduits au silence.

Venez, l'inquisiteur nous mande et nous attend.

LE MINISTRE.

O mon fils! mon cher fils, je te quitte un instant.

Je remets dans tes mains et ma vie et ma gloire.

SCENE VI.

MARIGNI fils, *seul.*

Grand Dieu! c'est de toi seul que j'attends la victoire;
De mon saint dévoûment assure le succès.
Mon père, Adélaïde, ont droit à mes regrets;
Je combats à la fois l'amour et la nature :
Je ne puis de mon cœur étouffer le murmure.
Et toi, mon père! et toi, cesse de t'affliger.
Lorsqu'en ce jour fatal un funeste danger
Me fait pour la vertu renoncer à la vie,
Tu parles de l'honneur ! tu crains l'ignominie !
Mon choix est fait : pourquoi le condamnerais-tu ?
L'homme a créé l'honneur, Dieu créa la vertu.

FIN DU TROISIÈME ACTE.

ACTE IV.

SCENE PREMIERE.

LA REINE, LE CONNÉTABLE.

LE CONNÉTABLE.

Pour mes dignes amis combien nous devons craindre !
Tel les croit innocents qui n'oserait les plaindre.
De leur sort malheureux justement révolté,
J'ai fait devant le roi parler la vérité,
Et ce n'est point en vain ; j'obtiens que le grand-maître
Aux regards du monarque enfin puisse paraître.
Les ordres sont donnés pour l'entendre à l'instant.
Mais dans l'inquisiteur quel orgueil insultant ?
Ah ! j'en suis indigné ; vainement on espère
De ce prêtre inhumain désarmer la colère.
Quoi ! lorsqu'autour de nous des prêtres révérés,
Entre l'homme et le ciel médiateurs sacrés,
Offrent dans leurs vertus, dans leur bonté touchante,
Du Dieu qu'ils font chérir l'image consolante,

L'altier inquisiteur, qui s'élève en un jour
Dés intrigues du cloître aux honneurs de la cour
Se présente toujours prêt à lancer la foudre !
On craint de condamner, lui frémirait d'absoudre.
Il m'écoutait d'un air distrait et menaçant :
Il peut faire le mal, il se croit tout-puissant.

LA REINE.

A ce prêtre orgueilleux je parlerai moi-même.
Lui seul ne dicte pas la sentence suprême ;
D'autres juges encor partagent son pouvoir.

LE CONNÉTABLE.

Je me rends auprès d'eux et m'en fais un devoir.
Renonçant en ce jour à ma fierté guerrière,
Je sais pour des amis descendre à la prière.
Pour les sauver, faut-il supplier ? j'y consens :
Rien ne coûte à mon cœur puisqu'ils sont innocents.

LA REINE.

J'attends le roi. Bientôt mon zèle et ma présence
S'uniront à vos soins.... Mais c'est lui qui s'avance.

(Le connétable se retire en voyant arriver le roi.)

SCENE II.

LE ROI, LA REINE.

LA REINE.

Sire, de votre hymen quand j'acceptai l'honneur,
Je voulus, j'espérai mériter mon bonheur.
Fidèle à votre gloire, à votre renommée,
J'osai par mon exemple encourager l'armée,
Dans ses nobles travaux seconder mon époux,
Et quelquefois mes soins furent dignes de vous.
J'obtins des droits sacrés à votre confiance;
Je veillais avec vous au bonheur de la France;
Vous appeliez sur moi l'amour de vos sujets,
Et toujours ma présence annonçait vos bienfaits.
Quel changement subit! qu'il m'afflige et m'étonne!
Quand la foudre en grondant vole du haut du trône,
Quand ses coups imprévus jettent dans le malheur
Des guerriers qu'illustraient le rang et la valeur,
Lorsqu'on les abandonne aux complots de la haine,
Quoi! la douleur publique en avertit la reine!
Quoi! sire, vos projets se cachaient devant moi!
Je me plains à l'époux du silence du roi.

Du moins contre l'erreur de la toute-puissance,

Ne puis-je réclamer les droits de l'innocence ?

Si je prends le parti de tant de malheureux,

J'agis pour votre gloire encor plus que pour eux.

Vous livrez ces guerriers à ce juge implacable

Qui force l'innocent à s'avouer coupable ;

Qui se dit convaincu dès qu'il peut soupçonner,

Et commence à punir avant de condamner.

Le ministre d'un Dieu de paix et de clémence,

Sur un saint tribunal fait asseoir la vengeance !

Devant lui l'accusé se trouble et se confond :

La torture interroge, et la douleur répond (1).

Partout l'inquisiteur s'empare des victimes.

On connaît leurs malheurs, on ignore leurs crimes.

Sire, écoutez mes vœux : que ces infortunés,

Déjà dans votre cour hautement condamnés,

Sortent de la prison et de l'ignominie,

Mes états aujourd'hui deviendront leur patrie ;

---

(1) Il est prouvé par les instructions de l'inquisiteur, par les procès-verbaux des interrogats, par les défenses des templiers, par les récits des historiens, que, quand les chevaliers refusaient l'aveu des crimes qu'on leur imputait, ils étaient mis de suite à la torture.

Je veillerai sur eux. Nommons un tribunal

Digne de les juger, auguste, impartial;

Si ces guerriers alors sont déclarés coupables,

Nos cœurs, comme les lois, seront inexorables;

Si l'arrêt les absout, c'est à votre équité

Qu'ils auront dû l'honneur, leurs jours, leur liberté.

Pardonnez à mon zèle; oui, sire, j'ose croire

Que votre erreur encor peut servir votre gloire:

Reconnaître, et surtout réparer son erreur,

C'est agir en vrai roi, c'est régner sur son cœur.

LE ROI.

Saisir les chevaliers, et surtout le grand-maître,

C'était sauver l'état et nous-mêmes peut-être;

Je n'avais qu'un instant: en de pareils projets,

Qui délibère trop hasarde le succès.

Ces guerriers me bravaient; contre leur résistance

J'ai déployé soudain les droits de ma puissance.

Quand je réglais leur sort, pourquoi désobéir?

Résister à son roi n'est-ce pas le trahir?

Et devais-je laisser tant d'audace impunie?

Non, la sévérité n'est pas la tyrannie.

Ils profanaient l'autel qu'ils auraient dû venger,

L'inquisiteur lui seul a droit de les juger.

Devant son tribunal plus d'un témoin assure

Que leur zèle apparent n'était qu'une imposture.

Sous ces dehors pieux qu'ils affectent toujours,

Quand ils sont dans les camps et surtout dans les cours,

Ils ont l'art d'imposer au crédule vulgaire ;

Mais leurs impiétés souillent le sanctuaire.

LA REINE.

Sire, votre courroux....

LE ROI.

Ne me soupçonnez pas

De vouloir lâchement leur honte et leur trépas ;

Chacun peut à son gré, sans que je m'en offense,

Parler en leur faveur et prendre leur défense.

J'ai le droit d'accuser, c'est même mon devoir ;

Mais de leur pardonner je retiens le pouvoir.

Quel que soit leur destin, recevez l'assurance,

Que toujours leurs regrets obtiendront ma clémence.

Le grand-maître à l'instant paraîtra devant moi :

Puisse-t-il trouver grâce aux regards de son roi !

Certes, s'il se repent, ou s'il se justifie,

Cet instant deviendra le plus beau de ma vie.

Je dois lui parler seul. Croyez que votre époux

S'impose le devoir d'être digne de vous.

LA REINE.

Du grand-maître surtout j'atteste l'innocence.

Vous avez estimé ses vertus, sa prudence ;

Il combattit pour vous et fut toujours vainqueur ;

Sire, je le confie à votre propre cœur ;

C'est à vous de juger.... Il vient, je me retire.

SCÈNE III.

LE ROI, LE GRAND-MAITRE.

LE ROI.

Approchez, je suis prêt à vous entendre.

LE GRAND-MAITRE.

Sire,

Lorsque me distinguant parmi tous vos sujets,

Vous répandiez sur moi d'honorables bienfaits ;

Le jour où j'obtenais l'illustre préférence

De nommer de mon nom le fils du roi de France (1),

---

(2) Il était parrain de Robert, quatrième fils du
roi. Robert mourut très-jeune au mois d'août 1808.
Il paraît qu'il avait été fiancé en 1306 avec Constance,
fille de Frédéric III, roi de Sicile.

Aurai-je pu m'attendre à l'affront solennel

De paraître à vos yeux comme un vil criminel?

Sire, votre vengeance est partout redoutée,

Mon seul malheur serait de l'avoir méritée.

    La haine nous a peints comme vos ennemis,

Nous, fidèles guerriers et citoyens soumis.

Sire, nommerez-vous conspirateurs ou traîtres

Ceux qui mettent leur gloire à mourir pour leurs maîtres;

Qui, pouvant conquérir ou fonder des états,

Descendaient noblement au rang de vos soldats?

    En tous lieux notre sang a payé votre gloire.

Lorsqu'aux plaines de Mons vous fixiez la victoire,

J'eus l'honneur de combattre à côté de mon roi.

On daigna distinguer mes chevaliers et moi;

Vous en vîtes plusieurs, ardents à vous défendre,

Prodigues de leur sang, heureux de le répandre,

Succomber avec gloire, en repoussant les coups

Que le glaive ennemi dirigeait jusqu'à vous.

Pour leur roi, pour leur maître ils donnèrent leur vie:

Témoins de leurs hauts faits, nous leur portions envie;

Chacun de nous voyant le péril sans effroi,

Croyait servir son Dieu quand il vengeait son roi.

De tous nos chevaliers telles sont les maximes;

C'est la religion qui les rend magnanimes;

Deux nobles sentiments assurent leurs succès,

Le zèle du chrétien, la valeur du Français.

Interrogez leur sang; oui, sire, il fume encore;

Et c'est nous que la haine accuse et déshonore!

LE ROI.

De tous vos chevaliers je connais les hauts faits;

Mais ont-ils surpassé ceux des guerriers français?

Ces guerriers à leurs fils transmettent d'âge en âge

Le dépôt de l'honneur, l'exemple du courage;

Tous avec dévoûment ont toujours combattu;

Ce sont d'autres soldats, c'est la même vertu.

Quand mes propres exploits assuraient la victoire,

Vous marchiez dans nos rangs, et ce fut votre gloire.

Guerriers, il fallait vaincre, et sujets, obéir.

Mais tel combat pour nous qui pense à nous trahir,

Ou prépare de loin les discordes civiles:

L'art des ambitieux est de se rendre utiles,

De feindre des vertus jusqu'au fatal moment,

Où le projet du crime éclate impunément.

De vos justes revers n'accusez que vous-mêmes.

Vous résistez encore à mes ordres suprêmes.

Du moins si vous n'aviez offensé que le roi!...

Mais la religion, mais notre auguste foi.......

LE GRAND-MAITRE.

L'ai-je bien entendu ? Ces viles calomnies
Que votre autorité devrait avoir punies,
Ces mensonges grossiers, hasardés contre nous,
Auraient donc excité votre injuste courroux !
Quoi ! sire, un seul instant auriez-vous pu les croire ?
Faut-il de vos soupçons défendre notre gloire ?
Ah ! si jusqu à ce point je dois m'humilier,
Je préfère mourir à me justifier.
A la religion notre ordre est infidèle !
Dit-on : mais nous vivons et nous mourons pour elle.
L'hypocrite ose-t-il affronter le trépas ?
Il ment, trompe, séduit ; mais, sire, il ne meurt pas.
On a calomnié notre sainte croyance !
Le sang des chevaliers versé pour sa défense,
Ne réfute-t-il pas des doutes imposteurs ?
Ce sang parle plus haut que nos accusateurs.
Villars, Montmorency, Villeneuve, Chevreuse,
Baufremont, Laigneville, ô troupe généreuse !
O pieux chevaliers, vrais soldats de la foi !
Vos noms et vos vertus répondent mieux que moi.
Ah ! sire, vous pouvez souffrir ces injustices !.....

LE ROI.

Je puis vous annoncer l'aveu de vos complices.

LE GRAND-MAITRE.

Quoi ! tous à leurs malheurs n'auraient pas résisté !
Quoi ! tous dans leurs vertus n'auraient pas persisté !
Leur aveu, dites-vous. . . .

LE ROI.

Vous en doutez encore !

LE GRAND-MAITRE.

J'aurais droit d'en douter, puisqu'il les déshonore.
A nos malheurs, grand Dieu, joindrais-tu ce malheur ?

LE ROI.

Un chevalier long-temps fameux par sa valeur,
Et qui s'enorgueillit de votre haute estime,
Aux juges a déjà révélé plus d'un crime.
C'est votre ami.

LE GRAND-MAITRE.

Daignez ne pas me le nommer.

LE ROI.

Pourquoi ?

LE GRAND-MAITRE.

Vous m'avez dit que j'ai pu l'estimer.
Que j'ignore toujours. . . . .

LE ROI.

Il donne-bas un ordre à l'un de ses officiers.

(*Au grand-maître.*)

Je veux que sa présence
Confonde votre orgueil et votre défiance.
Oui, qu'il vienne.

LE GRAND-MAITRE.

De grâce, épargnez-moi.

LE ROI.

Non, non.
J'espère devant vous accorder son pardon.
Ses aveux, ses regrets méritent ma clémence ;
Tous pourraient, comme lui, désarmer la vengeance.

SCENE IV.

LES MÊMES, LAIGNEVILLE.

LE GRAND-MAITRE.

Quoi ! Laigneville ! ô ciel !

LE ROI.

Vous êtes étonné !

LE GRAND-MAITRE.

C'est celui que mon cœur eût le moins soupçonné.

Laigneville, est-il vrai ? non, je ne saurais croire
Que, cédant avec honte une indigne victoire,
L'un de mes chevaliers ait eu la lâcheté
De trahir son devoir, l honneur, la vérité.
Nous devions préférer une mort honorable.

LAIGNEVILLE.

Mon cœur est innocent, mais ma bouche est coupable.
J'ai fait de faux aveux, et j'en suis indigné.
Des pleurs du repentir mon visage est baigné.
Vos regards m'ont instruit de l'excès de mon crime.
Mais aurais-je perdu tout droit à votre estime ?
Hélas ! je n'ai pas eu la force de souffrir ;
Je puis tout réparer, je puis encor mourir.
De mon funeste exemple ô suites déplorables !
Plusieurs autres guerriers, encore irréprochables,
Témoins de ma faiblesse, ont soudain hésité.
Enfin, ils ont trahi l'honneur, la vérité.
Vaincus par la douleur, et gémissant de l'être,
L'un de nos chevaliers a nommé le grand-maître ;
A peine il prononçait votre nom glorieux,
Les larmes du remords ont coulé de nos yeux.
« Soyons dignes de lui, chacun de nous s'écrie,
» Reprenons notre honneur, en cédant notre vie ».

Devant l'inquisiteur tous se sont présentés,
Pleurant sur leurs aveux, tous les ont rétractés (1).
Comptez sur leur vertu.

LE GRAND-MAITRE.

Dieu permet que j'y compte !
Je retrouve la gloire où je craignais la honte !
J'admire et je bénis ce généreux remord ;
Vous pouvez désormais nous offrir à la mort.
O ciel ! jusqu'à la fin soutiens notre constance.
Sire, vous l'entendez.

LE ROI, *avec vivacité.*

Sortez de ma présence.
(Tout à coup se reprenant, et avec calme.)
Sortez.

-----

(1) Ces chevaliers avaient déjà subi la honte d'un
aveu. Le sentiment de la vertu et de la vérité, et un
noble repentir, pouvaient seuls les décider à préférer la mort sur un échafaud, à la vie rachetée par
l'ignominie et le mensonge, et tous le firent ; tous
moururent dans leur rétractation, sans que l'aspect
de la mort, sans que la douleur du supplice en ébran-
lât un seul. On ne trouve dans aucune histoire ni
ancienne ni moderne, l'exemple d'une aussi courageuse résolution, ennoblie par des motifs aussi purs et
aussi désintéressés.

SCENE V.

LE ROI, *seul.*

Ah ! mon courroux n'a pu se contenir ;
Ils me réduisent donc au malheur de punir.
Avec quelle fureur leur faux zèle s'exprime !
Je reconnais enfin l'esprit qui les anime.
D'un chef ambitieux fanatiques soldats,
Au seul nom du grand-maître ils courent au trépas ;
Quel triste aveuglement ! quelle coupable audace !
Touché de leurs aveux, fier d'accorder leur grâce,
A leurs premiers regrets j'étais prêt à l'offrir.
Un regard du grand-maître ordonne de mourir ;
Et déjà Laigneville, affrontant la vengeance,
Victime volontaire, échappe à ma clémence !
Quel est donc ce pouvoir terrible et dangereux ?
Du fond de sa prison leur chef règne sur eux !
Que la voix de ce chef désigne une victime,
Tous seront glorieux de commettre un grand crime,
Tous oseront s'armer, conspirer contre moi,
Et sur le trône même assassiner un roi.

SCENE VI.

LE ROI, LE CHANCELIER.

LE CHANCELIER.

Sire, je viens remplir un triste ministère ;

Mais le devoir l'exige, et je ne puis me taire.

L'œil de l'inquisiteur, son zèle rigoureux

Poursuit des accusés les complices nombreux.

Partout des templiers les trames criminelles

Séduisaient vos sujets, même les plus fidèles.

Aurait-on pu le croire ? au milieu de la cour,

Près de vous, sous vos yeux, vous aviez chaque jour,

Un templier caché, qui, secondant peut-être

Les intérêts, l'espoir, les desseins du grand-maître,

Nous dérobait à tous ce funeste secret :

Le jeune Marigni. . . . . . je le nomme à regret.

LE ROI.

Se peut-il ?... Quel soupçon et m'indigne et m'éclaire !

LE CHANCELIER.

Quand j'accuse le fils, je rends justice au père.

Oui, le père ignorait cet horrible malheur.

Il me suit : vous verrez sa honte et sa douleur.

Sire, son dévoûment à son maître, à la France,
Du monarque et des lois mérite l'indulgence.

SCÈNE VII.

LES MÊMES, LE MINISTRE.

LE MINISTRE.

Sire, sauvez mon fils : on l'arrête à l'instant ;
L'inquisiteur le juge, et l'échafaud l'attend.
Je frémis de son sort, de mon ignominie :
Dans l'ardeur de venger mon prince et la patrie,
Hélas ! j'ai prononcé ces terribles accents :
« Quand les coups tomberaient même sur nos enfants,
» L'intérêt de l'état commande qu'on punisse.... »
Mais des crimes des chefs mon fils n'est pas complice.
Vous aviez distingué son zèle et ses vertus.
Ces traîtres l'ont séduit, c'est un crime de plus.

LE ROI.

Je respecte le titre et le malheur d'un père,
Il m'en coûterait trop de me montrer sévère.
Vous le savez. Du crime ou de l'erreur du fils,
Que son serment engage avec mes ennemis,
Je ne rendrai jamais le père responsable,
Il est trop malheureux quand son fils est coupable.

L'opprobre pourrait-il vous atteindre aujourd'hui ?

Qu'il frappe le coupable et ne frappe que lui.

Vous conservez vos droits à toute mon estime.

Instruisez votre fils à réparer son crime.

A vos sages avis, s'il ose résister,

Ce n'est plus Marigni que je dois consulter,

(Au chancelier.)

Mais comptez sur mon cœur. Les amis du grand-maître,

Cachés autour de moi, nous menacent peut-être.

Voyons l'inquisiteur ; je veux l'interroger,

Et par mes propres soins veiller sur le danger.

FIN DU QUATRIEME ACTE.

ACTE V.

SCENE PREMIERE.

MARIGNI fils, LAIGNEVILLE, MONT-
MORENCY, DIVERS TEMPLIERS.

MARIGNI, fils.

Vous savez que la reine a pris notre défense :
Ses vertus, son crédit, son rang, son éloquence,
Tout semble loin de nous écarter le danger :
Elle a daigné nous voir et nous encourager.
Les juges, étonnés, ont repecté son zèle,
Et nos accusateurs pâlissent devant elle.

LAIGNEVILLE.

Quoi ! nous aurions fléchi ces juges menaçants ?
Et nous suffirait-il d'être tous innocents ?

MARIGNI, fils.

Vous n'avez plus d'espoir ?... vous en auriez peut-être,
Si tantôt vous aviez entendu le grand-maître ;

11..

On vous reconduisait : de tous les prisonniers,
Le grand-maître et moi seul, nous restions les derniers.
Avant de prononcer leur fatale sentence,
Les juges ont permis qu'il prît notre défense ;
Sans courroux, sans audace, et sans être abattu
Avec la dignité qui sied à la vertu,
Il réfute aisément les lâches impostures
Qu'exhalent contre nous quelques bouches impures
Il prouve qu'en tout temps les vertus et l'honneur
Pouvaient seuls de notre ordre assurer le bonheur.
« Nous sommes innocents, disait-il, nous le sommes ;
» Nous prenons à témoins, Dieu, les rois et les hommes.
» Contre nos oppresseurs nous aurons attesté
» Et le siècle présent et la postérité :
» Que le fer des bourreaux nous arrache la vie ;
» Qu'ils épuisent sur nous toute leur barbarie,
» On n'entendra de nous que ces nobles accents :
» Nous sommes innocents, nous mourons innocents.
» Que le feu des bûchers s'élance et nous dévore ;
» Au milieu des bûchers nous le dirons encore ;
» Et peut-être du fond des tombeaux gémissants,
» S'élèveront ces cris : nous étions innocents. »
De nos juges alors la nombreuse assemblée
Paraît à nos regards interdite et troublée.

S'ils hésitent d'absoudre, ils n'osent condamner :
On eût dit que sur eux ils entendaient tonner
Les accents éternels, la colère céleste ;
Quand notre illustre chef, toujours calme et modeste,
Daigne parler encore et les interroger.
Enchaîné devant eux, il semble les juger.
Telle est de la vertu l'autorité suprême !
Mais cependant on veut que je sorte moi-même.
Il reste seul. Amis, croyez qu'en cet instant
Notre innocence obtient un triomphe éclatant.
Le grand-maître... C'est lui... Quelle noble assurance !

SCÈNE II.

LES MÊMES, LE GRAND-MAITRE.

LAIGNEVILLE.

Dites-nous votre sort.

LE GRAND-MAITRE.

Vous le saviez d'avance.

LAIGNEVILLE.

Quel que soit votre sort, vous nous trouverez tous
Préparés à souffrir, à mourir avec vous.

Mais enfin quel est-il? vous n'osez nous le dire.

MONTMORENCY.

L'horreur de l'échafaud?

LE GRAND-MAITRE.

La gloire du martyre (1).
Remercions le ciel qui nous l'accorde à tous.
Que le feu des bûchers s'allume autour de nous;
Que le fer de la mort s'agite sur nos têtes,
Je suis prêt. L'êtes-vous? oui, je vois que vous l'êtes.
Grand Dieu! je te bénis; tu répands dans nos cœurs
Un courage plus grand encor que nos malheurs.
Tu veux que l'univers reçoive un saint exemple;
Ces soldats de la foi, ces défenseurs du Temple,
Justement préférés, sont dignes de l'offrir
A ceux qui, pour ton nom, doivent un jour mourir.
Quel glorieux revers! qu'elle infortune auguste!
Souvent celui que frappe un jugement injuste,

----

(1) *Qui tanquàm* CHRISTI MARTYRES *in tormentis pro veritate sustinendâ cum* PALMA MAR-
TYRII *decesserunt.*
(Défense des templiers par-devant les commissaires apostoliques.)

Sous les coups du malheur, tristement abattu,

Te demande la vie, et nous, c'est la vertu.

  (Aux chevaliers.)

La vertu nous suffit : et puisque notre vie,

Ou plus tôt ou plus tard, doit nous être ravie,

Bénissons nos périls ; c'est par eux qu'aujourd'hui

Dieu marque le chemin qui nous ramène à lui.

Bravons de nos bourreaux la fureur criminelle.

Que nous enlèvent-ils ? la dépouille mortelle ;

Ils peuvent de nos jours éteindre le flambeau ;

La vertu brille encore au-delà du tombeau ;

Je sens qu'elle survit à notre heure suprême,

Pour l'immortalité, pour le ciel, pour Dieu même.

D'un supplice cruel nous serons glorieux.

Mes amis, l'échafaud nous rapproche des cieux.

    (Ils se mettent en marche.)

SCÈNE III.

LES MÊMES, LE CONNÉTABLE.

LE CONNÉTABLE.

Restez. Le roi l'ordonne, et lui-même s'avance.

Il vous permet encor d'implorer sa clémence.

La reine, vos amis veillaient sur votre sort :

Le roi révoquera l'arrêt de votre mort.

Il suffit que pour tous le grand-maître supplie.

Vivez pour l'amitié, la gloire, la patrie.

Cédez. Tous vos amis l'exigent. Il le faut.

J'étais prêt à vous suivre au pied de l'échafaud.

Devant toute la cour, devant toute la France,

En ce moment cruel, j'aurais, par ma présence,

Avoué pour amis des proscrits vertueux ;

Oui, j'aurais mis ma gloire à paraître auprès d'eux ;

Mais des bontés du roi nous avons l'assurance :

Il ne tiendra qu'à vous d'obtenir sa clémence.

Ne la dédaignez pas. Ce serait à regret

Que le roi...

SCENE IV.

LES MÊMES, LE ROI.

LE ROI.

Vous avez entendu votre arrêt :

Vous direz-vous encore innocents ?

LE GRAND-MAITRE.

Nous le sommes.

LE ROI.

Vous êtes condamnés.

LE GRAND-MAITRE.

Au tribunal des hommes.

LE CONNÉTABLE.

Il vous reste un espoir.

LE GRAND-MAITRE.

Il nous reste à mourir.

LE CONNÉTABLE.

A la bonté du roi n'osez-vous recourir ?
La clémence est le droit de son pouvoir suprême.
Vous admettre à ses pieds, c'est vous l'offrir lui-même.

LE GRAND-MAITRE *au roi.*

Ces augustes bienfaits d'un prince tout-puissant
Sont pour le seul coupable et non pour l'innocent.
Demander un pardon, c'est avouer un crime.
Par cette lâcheté, nous perdons votre estime ;
L'innocence à ce point ne peut s'humilier :
N'avons-nous que la mort pour nous justifier ?
Nous demandons la mort.

LE ROI.

Mais quand j'offre la vie.

LE GRAND-MAITRE.

Sire, offrez-nous l'honneur. Si votre voix publie

Que, malgré cet arrêt, nous sommes innocents,

Vous trouverez nos cœurs encor reconnaissants.

Une grâce n'est rien ; il nous faut la justice.

C'est notre jugement qui fait notre supplice.

Dépouillés de nos rangs, persécutés, proscrits,

Ne rencontrant partout que haine ou que mépris,

Si nous pouvons survivre à ce revers funeste,

Infortunés ! il faut qu'au moins l'honneur nous reste.

Assurez notre honneur, sire, et de vos genoux,

Nous volons aux combats, et nous mourons pour vous .

LE CONNÉTABLE, (*à part*).

Ah ! je cours de la reine implorer l'assistance.

(*Le connétable sort.*)

SCENE V.

LES MÊMES, hors LE CONNÉTABLE.

LE ROI.

Vos parents, vos amis suppliaient ma clémence

Et moi-même, cédant aux cris de la pitié,

Peut-être au souvenir d'une ancienne amitié,

J'ai dit : « que leurs regrets désarment ma justice ;

» Oui, que devant son roi le grand-maître fléchisse,

» Et je ne vois en eux que des infortunés ;

» Ils sont assez punis, quand ils sont condamnés.

» Qu'ai-je voulu ? venger et l'autel et le trône.

» Le roi les accusa, Philippe leur pardonne.

» J'attends leur repentir : ma cour et mes bienfaits

» Honoreront en eux des chevaliers français. »

Mais quoi ! vous imposez des lois à ma clémence !

Il faut que je proclame encor votre innocence.

Quel est donc cet orgueil ? N'exigerez-vous pas

Que vos accusateurs soient livrés au trépas ?

Que flétrissant ma gloire, et m'accusant moi-même,

J'abaisse devant vous l'honneur du diadème ?

Ah ! c'en est trop. Pensez au sort qui vous attend.

A votre repentir j'offre encor cet instant.

Implorez ma clémence, ou craignez ma justice.

C'est à vous de choisir.

LE GRAND-MAITRE.

Qu'on nous mène au supplice.

LE ROI.

Marigni ! votre père intercédait pour vous.

J'ai voulu vous sauver ; je pardonnais à tous.

Pensez au désespoir de votre père.

MARIGNI, fils.

Ah ! sire,
Vous attaquez mon cœur ; la douleur le déchire :
D'un père infortuné je déplore le sort ;
Mais la vertu commande, et je marche à la mort.

LE ROI.

J'exerçais envers vous mon droit le plus auguste.
J'étais trop généreux ; c'est l'instant d'être juste.
Je le serai sans doute, ingrats... retirez-vous.

LE GRAND-MAITRE *au roi.*

Dieu lit au fond des cœurs ; qu'il soit juge entre nous.
            (Aux chevaliers.)
Amis, c'est devant lui que nous allons paraître.
Notre triomphe est prêt.

            (Ils sortent ; le grand-maître reste le
                dernier sur la scène.)

SCENE VI.

LE ROI, LA REINE, LE GRAND-MAITRE.

LE ROI *voyant entrer la reine.*

Rappelez le grand-maître.

(Au grand-maître, qui s'arrête,
    et qui ensuite s'approche.)

Restez ;... De votre sort plus que vous j'ai frémi.

N'avez-vous rien à dire à votre ancien ami ?

LE GRAND-MAITRE.

Ah ! sire, si j'osais...

LA REINE.

Parlez.

LE ROI.

Je vous l'ordonne.

LE GRAND-MAITRE.

Sire, je vous dirais que mon cœur vous pardonne.

Du haut de l'échafaud, je promets à mon roi

De prier que le ciel pardonne comme moi.

Mais, sire, le péril déjà vous environne.

Nos malheurs deviendront une dette du trône.

Un jour, peut-être un jour , d'inutiles regrets. ..

LA REINE.

N'achevez pas.

LE GRAND-MAITRE.

Grand Dieu ! ne nous venge jamais.

(Il sort ; des gardes l'entourent et le suivent).

SCENE VII.

LE ROI, LA REINE.

LE ROI.

Son délire cruel m'insulte et me menace;
Quoi ! ma clémence même enhardit leur audace.

LA REINE.

Quel trouble impétueux s'élève dans mes sens ?
Je crois entendre encor ses terribles accents.
Je frémis... Écoutez ma timide prière :
Il sera toujours temps de vous montrer sévère.
Je me borne à ces mots : « On les immole tous;
» N'est-il point d'innocents , sire, le pensez-vous ?
» Tous ont-ils mérité cet infâme supplice ?
» Qu'un seul soit innocent, souffrez-vous qu'il périsse?

LE ROI.

Ils sont tous condamnés, et des témoins nombreux
D'une voix unanime ont déposé contre eux.
Vous le savez.

LA REINE.

L'erreur, le mensonge, la haine
En imposent souvent à la justice humaine.

LE ROI.

Plusieurs ont avoué.

LA REINE.

Par crainte de la mort.
Mais, sire, ignorez-vous leur sublime remord?
J'oppose aux accusés qui, pour sauver leur vie,
Dénoncent faussement leur propre ignominie,
Ceux qui, sauvant l'honneur, hardis à tout braver,
Se disent innocents, meurent pour le prouver...
Quel intérêt aurais-je à prendre leur défense?...
Sire, à leur repentir vous offrez la clémence;
Accordez-leur le temps de former des regrets,
De sentir le besoin, le prix de vos bienfaits;
Accordez-moi du moins que leur mort se diffère,
Que...

LE ROI.

J'accuse sans haine et punis sans colère.
Mais alors que des grands la coupable fierté
Résiste insolemment à mon autorité,
Un monarque investi des droits de la couronne,
Doit se faire obéir ou descendre du trône.
Si vous espérez d'eux un noble repentir,
A pardonner encor je pourrai consentir

LA REINE.

Prononcez.

LE ROI.

Mais il faut que leur orgueil fléchisse.

LA REINE.

Je promets.

LE ROI *à un officier.*

Hâtez-vous ; retardez le supplice. (1)

(L'officier sort.)

Puissent-ils mériter qu'un pardon généreux
Renverse l'échafaud déjà dressé pour eux !
Mais s'ils ne cèdent pas, je reste inexorable.
Les nommer innocents, c'est m'avouer coupable ;
Un doute injurieux, le plus faible soupçon
Accuserait ma gloire et flétrirait mon nom.

---

(1) « Arrivés au lieu du supplice.... un crieur pu-
» blic vint leur annoncer, de la part du roi, grâce,
» liberté, pour quiconque d'entre eux avouerait ses
» prétendus crimes. Ni la vue de cet affreux appa-
» reil, ni les cris de leurs parents, ni les prières de
» leurs amis, ne purent ébranler aucune de ces âmes
» inflexibles : on eut beau leur réitérer les offres du
» roi ; ruses, prières, menaces, tout devint inutile. »
Mansuetus, j. T. 2, p. 236.

LA REINE.

Les apprêts de la mort, l'appareil du supplice
Acquittent ces guerriers envers votre justice.
Consultez votre gloire, oui, vous pouvez pour eux
Sans crainte et sans péril vous montrer généreux :
Pardonnez, mais en roi dont l'auguste clémence
N'exige d'autre prix que la reconnaissance ;
Laissez de vos vertus ce noble souvenir :
Qu'on dise : « Il pardonna, quand il pouvait punir ».

SCÈNE VIII.

LES MÊMES, LE CONNÉTABLE.

LA REINE.

Eh bien ! a-t-on sauvé ces guerriers magnanimes ?

LE CONNÉTABLE.

Hélas ! j'ai vu périr ces illustres victimes.

LA REINE.

Le roi leur pardonnait ; nous espérions... mais quoi !
Leurs ennemis ont craint la clémence du roi.
Ces guerriers ont péri !

                    LES TEMPLIERS,

LE CONNÉTABLE.

               Du moins dignes d'envie;
La gloire de leur mort explique assez leur vie.

LA REINE.

Vous aviez toujours dit qu'ils étaient innocents.
Des ministres cruels, des ennemis puissants...
Ah ! puisse sur eux seuls retomber l'injustice !

LE CONNÉTABLE *à la reine.*

Un immense bûcher, dressé pour leur supplice,
S'élève en échafaud, et chaque chevalier
Croit mériter l'honneur d'y monter le premier :
Mais le grand-maître arrive; il monte, il les devance.
Son front est rayonnant de gloire et d'espérance;
Il lève vers les cieux un regard assuré :
Il prie, et l'on croit voir un mortel inspiré.
D'une voix formidable aussitôt il s'écrie :
« Nul de nous n'a trahi son Dieu, ni sa patrie;
» Français, souvenez-vous de nos derniers accents :
» Nous sommes innocents, nous mourons innocents.
» L'arrêt qui nous condamne est un arrêt injuste;
» Mais il est dans le ciel un tribunal auguste

» Que le faible opprimé jamais n'implore en vain,

» Et j'ose t'y citer, ô pontife romain (1) !

------

(1) Les historiens ont recueilli la tradition popu-
laire, que le grand-maître cita au tribunal de Dieu,
le pape dans quarante jours, et le roi dans l'année.
Peut-être l'événement de la mort du pape et de celle
du roi, qui survécurent peu de temps au supplice
du grand-maître, fut-il l'occasion de répandre ces
bruits populaires qui ont été adoptés ensuite, même par des littérateurs célèbres, parmi lesquels
je puis citer Juste-Lipse, qui s'explique en ces ter-
mes : « Certissimum habetur quod Clementi V
» Pont. Max. evenit ; qui cùm templarios, cæ-
» tum religiosum et diu bonum atque utilem, Vien-
» næ in concilio damnasset ; et in sodales ferro
» atque igni passim animadvertisset, a pluribus
» eorum citatus ad tribunal superûm, paulo plus
» anno post obiit, quasi ad vadimonium obeundum
» à supremo prætore accersitus. Sub idem tempus
» (quod admirationem auget) in eodem casu fuit
» Philippus rex Galliæ, cujus bono damnationes
» illæ fuisse putabantur, opibus ad eum translatis
» et confiscatis : si a casu, miremur ; si a deo, ve-
» reamur. »

On lit dans les *facta dicta memorabilia*, etc.
qu'un templier napolitain, brûlé à Bordeaux, cita
ainsi le pape et le roi au tribunal de Dieu :

« Sævissime Clemens tyranne, posteaquàm
» mihi inter mortales nullus jam superest ad quem

13.

» Encor quarante jours !... je t'y vois comparaître ».

Chacun en frémissant écoutait le grand-maître.

Mais quel étonnement, quel trouble, quel effroi ! ...

Quand il dit : « O Philippe, ô mon maître, ô mon roi !

» Je te pardonne en vain, ta vie est condamnée ;

» Au tribunal de Dieu je t'attends dans l'année ».

(Au roi).

Les nombreux spectateurs, émus et consternés,

Versent des pleurs sur vous, sur ces infortunés.

De tous côtés s'étend la terreur, le silence.

Il semble que du ciel descende la vengeance.

» appellem , pro gravi morte quâ me per injuriam
» afficis, ad justum judicem Christum, qui me re-
» demit, appello ; ante cujus tribunal te voco, unâ
» cum Philippo rege ; ut intra annum diemque ambo
» illic compareatis ; ubi causam meam exponam , et
» jus sine pravo affectu ullo administrabitur ; intra
» id quoque tempus Clementem ac regem mortuos. »

Le jésuite Drexelius s'écrie à ce sujet : « Quis neget
» geniale aliquid et divinum hic intervenisse supre-
» mo numine consciscente ? L. II, de tribun. Christ.
» C. 3. » Qui nierait qu'il n'y ait eu là quelque
chose d'inspiré et de divin , par la permission de
l'Etre suprême ?

Ces traditions populaires, adoptées par les historiens, démontrent que l'opinion publique fut loin
d'approuver la condamnation des templiers.

Les bourreaux interdits n'osent plus approcher;

Ils jettent en tremblant le feu sur le bûcher,

Et détournent la tête... Une fumée épaisse

Entoure l'échafaud, roule et grossit sans cesse;

Tout à coup le feu brille : à l'aspect du trépas

Ces braves chevaliers ne se démentent pas.

On ne les voyait plus; mais leurs voix héroïques

Chantaient de l'Éternel les sublimes cantiques (1);

Plus la flamme montait, plus ce concert pieux

S'élevait avec elle et montait vers les cieux.

Votre envoyé paraît, s'écrie... Un peuple immense

Proclamant avec lui votre auguste clémence,

Au pied de l'échafaud soudain s'est élancé...

Mais il n'était plus temps... les chants avaient cessé.

LA REINE.

O jour infortuné ! jour de deuil et d'alarmes !

Combien ton souvenir me coûtera de larmes !

---

(1) Ils ne poussèrent pas un soupir ; et, malgré ce qu'ils souffraient d'un si cruel supplice, ils témoignèrent une fermeté et une constance admirables, *invoquant le nom de Dieu, le bénissant*, et le prenant à témoin de leur innocence.

(*Histoire de l'abolition de l'ordre des templiers*, p. 244.)

(Au roi).

De ces dignes héros je pleure le trépas ;

Mais, sire, ma douleur ne vous accuse pas.

Des ennemis nombreux, perfides, redoutables,

Dénonçaient ces guerriers... vous les croyiez coupables.

LE ROI.

Étaient-ils innocents ?... Ce doute fait horreur.

Grand Dieu ! si j'ai commis une funeste erreur,

Je ne demande pas que ta bonté pardonne :

Frappe-moi, mais épargne et mon peuple et le trône.

FIN DU CINQUIÈME ACTE.

PIÈCES JUSTIFICATIVES.

PIECES JUSTIFICATIVES.

Transcription fidèle de la pièce qui se trouve insérée dans le volume 763 de la collection des
manuscrits de Dupuy, à la Bibliothèque Impériale. Ce volume est intitulé : *Bulles des Papes,
depuis Honoré III jusques à Grégoire. XI.*

*Clemens episcopus, servus servorum Dei , caris-
simo in Christo filio Philippo regi Francorum illus-
tri, salutem et apostolicam benedictionem. Quoniam
præcordia tua personæ nostræ incolumitas grata
certificat, scire te volumus quòd, illo faciente qui
potest, Viennæ plenâ corporis sospitate vigemus ac
lætanter audivimus incolumitate consimili te vigere.
Ad hæc, ut eorum quæ in negotio templariorum
emergunt tuæ notitiæ veritatis* (1) *innotescat, magnitudinem regiam volumus non latere quòd cùm in-
quisitiones factæ contrà ordinem templariorum co-
ràm prælatis et aliis personis ecclesiasticis, qui ad
præsens sacrum concilium venerunt, et quos ad hoc
congregari, certâ die, nostra deliberatio fecerat, le-
gerentur, septem de ordine templariorum ipsorum et
in quâdam aliâ subsequenti congregatione consimili,
duo de ordine ipso, se coram eisdem prælatis et
personis, nobis tamen absentibus, præsentárunt qui se
deffensioni ejusdem ordinis offerentes, asseruerunt
mille quingentos vel duo millia fratres ejusdem ordinis qui Lugduni et in circumvicinis partibus mo-*

---

(1) Pour *veritas.*

PIECES JUSTIFICATIVES.

*Traduction de la lettre de Clément V, qui annonce
à Philippe-le-Bel que neuf templiers s'étant présentés par-devant le concile de Vienne pour défendre l'ordre au nom de quinze cents ou deux
mille chevaliers, il a fait mettre en prison ces
neuf templiers et les y fait retenir.*

*Clément, évêque, serviteur des serviteurs de Dieu,
à notre très-cher fils en Jésus-Christ Philippe, illustre roi des Français, salut et bénédiction aposto-
lique ; sachant que les nouvelles de notre bonne santé
vous sont agréables, nous vous annonçons, qu'avec
l'aide du Tout-puissant, nous jouissons d'une entière
et excellente santé, et que nous avons appris avec
joie que la vôtre est également bonne. Pour faire connaître à votre grandeur royale la vérité de tous les
évènements qui surviennent dans l'affaire des templiers, je dois ne pas vous cacher que tandis que
les informations faites contre l'ordre des templiers
étaient lues par-devant les prélats et autres ecclésiastiques qui, d'après la convocation qu'ils avaient
reçue de nous, sont venus au présent sacré concile,
sept chevaliers de l'ordre des templiers, dans une
séance, et deux autres dans une séance subséquente,
se sont, en notre absence, présentés par-devant les
mêmes prélats et ecclésiastiques, et offrant de prendre la défense de l'ordre, ont assuré que 1500 ou
2000 frères du même ordre, qui demeuraient à

rabantur, eis circà defensionem ipsius ordinis adhœrere; nos. tamen ipsos, se spòntaneâ offerentes, detineri mandavimus et facimus detineri. Et ex tunc, circà nostræ personæ custodiam, solertiorem diligentiam solito duximus adhibendam; hæc autem celsitudini tuæ duximus intimanda, ut tui providi cautela consilii quid deceat et quid expediat circà personæ tuæ custodiam diligenti consideratione voleat prævidere.

Datum Viennæ, 11 mens. novembris, pontificatûs nostri anno 6.

Prière que les templiers faisaient dans leurs prisons lorsqu'on leur eut refusé, comme hérétiques, de les admettre à la célébration des saints offices.

Sancti spiritûs adsit nobis gratia. Maria, stella maris, perducat nos ad portam salutis. Amen. Domine, Jesu Christe, sancte pater, æterne Deus, omnipotens, sapiens creator, largitor, administrator benignus, et carissimus amator, pius et humilis redemptor, clemens, misericors salvator, Domine, te deprecor humiliter et exoro ut illumines me, liberes et conserves fratres Templi, et omnem populum tuum christianum turbatum.

Tu, Domine, qui scis nos esse innocentes, facias liberari, ut vota nostra et mandata tua in humilitate teneamus, et tuum sanctum servitium et voluntatem faciamus; contumelias iniquas, non veras, contrà

Lyon ou dans ses environs, se joignaient à eux pour cette défense. Quoique ces neuf templiers se fussent présentés volontairement, nous avons cependant ordonné qu'ils fussent arrêtés, et nous les faisons retenir en prison. Depuis lors nous avons cru devoir employer, pour la garde de notre personne, des soins plus assidus que de coutume, et devoir annoncer ces évènements à votre grandeur, afin que la prudence de votre conseil vigilant avise à ce qu'il convient et importe de faire pour la garde de votre personne.

Donné à Vienne le 11 novembre, an 6 de notre pontificat.

TRADUCTION.

Dieu éternel et tout-puissant, sage créateur....... sauveur clément et miséricordieux, ô Seigneur, je te demande humblement, et je te supplie de m'illuminer, de délivrer et conserver tous les frères du Temple, et tout ton peuple chrétien, que trouble le scandale de nos malheurs.

O toi, mon Dieu, toi qui sais que nous sommes innocents, procure-nous notre délivrance, afin que nous accomplissions dans notre humilité, et nos vœux et tes préceptes, afin que nous remplissions ton service pieux et ta volonté sainte : délivre-nous de ces

nos oppositas per graves oppositiones, et malas tri-
bulationes et tentationes, quas passi fuimus, et pati
ulteriùs non possumus.

Omnipotens, æterne Deus, qui beatum Joannem
evangelistam et apostolum tuum valdè diligis, qui su-
per pectus tuum in cœnâ recubuit, et cui secreta cœli
revelavis et demonstravis, et stante in ligno sanctæ
crucis, pro redemptione nostrâ, sanctissimam matrem
tuam virginem commendavis, in cujus honore glo-
riosè fuit facta et fundata religio; pro tuâ sanctâ
misericordiâ liberes et conserves, prout tu scis nos
esse innocentes à criminibus contrà nos oppositis, et
operas possideamus, per quas ad gaudia paradisi
perducamur, per Christum Dominum nostrum. Amen.

affronts cruels et non mérités que nous causent nos grands désastres, nos terribles épreuves, et nos affreuses tribulations. Nous avons tout souffert jusqu'à présent ; mais nous n'avons plus la force de résister désormais.

. . . .

. . . .

Par ta sainte miséricorde, délivre-nous et conserve-nous ; tu sais que nous sommes innocents des crimes dont on nous accuse.

Extrait de la défense des soixante-quinze.

Processus habitus contra ipsos rapidus, violentus, repens, iniquus, et injustus fuit; nullam omninò justitiam, sed totam injuriam, violentiam gravissimam, et errorem intolerabilem continens; quia nullo servato juris ordine vel rigore; imò cum exterminato furore, subitò capti fuerunt omnes fratres ejusdem ordinis, in regno Franciæ, et tanquam oves ad accisionem ducti, subitò bonis et rebus suis omnibus spoliati, duris carceribus mancipati, et per diversa et varia genera tormentorum, ex quibus multi, et multi ad tempus coacti fuerunt mentiri contra seipsos et ordinem suum.....

Ut faciliùs et meliùs possent induci fratres prædicti ad mentiendum, et testificandum contra se ipsos et ordinem, dabantur eis litteræ, cum bullâ D. regis pendenti de conservatione membrorum, et vitæ ac libertatis ab omni pœnâ, et diligenter cavebatur eisdem de bonâ provisione et magnis redditibus sibi datis annuatim in vitâ ipsorum, prædicendo semper eis quòd ordo Templi erat condemnatus omninò : undè quicumque contra dictum ordinem fratres Templi dixerint, corrupti sunt ex causis prædictis.....

Omnia prædicta sunt ita publica et notoria, quòd nullâ possunt tergiversatione celari.....

Undè, super articulis dictis contra religionem inhonestis, horribilibus, et horrendis, et detestandis, tanquam impossibilibus et turpissimis, dicunt quòd articuli illi sunt mendaces et falsi, et quòd illi qui suggesserunt illa mendacia tam iniqua et falsa, domino nostro summo pontifici, et serenissimo domino nostro regi Franciæ, sunt falsi christiani, vel omninò heretici, detractores et seductores ecclesiæ sanctæ, totius fidei christianæ.....

Religio templi munda et immaculata est, et fuit semper ab omnibus illis articulis, vitiis et peccatis prædictis; et quicumque contrarium dixerunt vel dicunt, tanquam infideles et heretici loquuntur.

Asserunt ad defensionem ordinis suprà dicti, quòd omnes articuli missi per dominum papam sub bullà ipsius, eis lecti et expositi, scilicet inhonesti, turpissimi, et irrationabiles, et detestabiles, et horrendi sunt, mendaces, falsi, imò falsissimi, etiam et iniqui, et per testes, seu susurrones, et suggestores inimicos et falsos fabricati, adinventi, et de novo facti.....

Quicumque religionem ipsam ingreditur, promittit quatuor substantialia, videlicet paupertatem, obedientiam, castitatem, et se totis viribus exponere servitio sanctæ terræ, hoc est, ad ipsam terram sanctam Jerosolymitanam acquirendam, et acquisitam, si Deus dederit gratiam acquirendi, conservandam, custodiendam, et defendendam pro posse.

Et propter hoc, parati sunt corde, ore, et opere, modis omnibus quibus meliùs fieri potest et debet, defendere et sustinere.....

Quod personaliter possint esse in concilio generali, et qui non poterunt interesse, possint aliis fratribus euntibus, ad concilium committere vices suas.

Offerunt se omnes particulariter, generaliter et singulariter, ad defensionem religionis, et petunt et supplicant esse in concilio generali, per se ipsos, et ubicumque tractabitur de statu religionis.

Petunt quod omnes fratres dicti ordinis, qui relicto habitu seculariorum, conversantur inhonestè in opprobrium dictæ religionis, et ecclesiæ sanctæ, ponantur in manu ecclesiæ, sub fidà custodià, donec cognitum fuerit utrùm falsum vel verum perhibuerint testimonium.

Supplicant et requirunt quod quandocunque fratres aliqui examinabantur, nullus laicus intersit, qui eos possit audire, vel alia persona, de quâ possint merito dubitare, nec pretextu alicujus terroris, vel timoris, falsitas possit exprimi, vel veritas occultari, quià omnes fratres generaliter sunt tanto terrore et timore percussi, quòd non est mirandum quodammodo de iis qui mentiuntur, sed plus de iis qui sustinent veritatem, videndo tribulationes et angustias, quas continuè vertici patiuntur, et minas, et contumelias, et alia mala quæ quotidiè sustinent, et bona, et commoda, et delicias, ac libertates quas habent falsidici, et magna promissa quæ sibi quotidiè fiunt.

Undè mira res, et fortius stupenda omnibus, quòd major fides adhibeatur mendacibus illis qui, sic corrupti, talia testificantur, ad utilitatem corporum, quàm illis qui, tanquam christi martyres, in tormentis, pro veritate sustinendâ, cum palmâ martyrii decesserunt, et etiam quòd majori et saniori parti viventium pro ipsâ veritate sustinendâ, solâ urgente conscientiâ, tot tormenta, pœnas, tribulationes et angustias, improperia, calamitates, et miserias passi fuerunt, et in carceribus quotidiè patiuntur.

Interrogatoire de frère Pierre de Boulogne, par le commissaire de l'inquisiteur.

Anno Domini millesimo trecentesimo septimo, indictione sextâ, pontif. sanct. patris d. d. C. divinâ

providentiâ papæ V anno secundo, die Martis, post
festum omnium Sanctorum, scilicèt, septimâ die novembris, in religiosi et honesti viri fratris Nicolai de
Anessiaco, ordinis fratrum prædicatorum commissa-
rii, dati à religioso et honesto viro fratre de Parisius,
ejusdem ordinis inquisitore hæreticæ pravitatis in
regno Franciæ, autoritate apostolicâ deputato, nos-
trûm notariorum publicorum, et testium infrà scrip-
torum præsentiâ, personaliter constitutus frater Petrus de Bononiâ, præsbiter et generalis procurator
totius ordinis militiæ Templi, ætatis quadraginta
quatuor annorum vel circà, juratus ad sancta Dei
evangelia, et requisitus de se et aliis dicti ordinis militiæ templi suprà dicto crimine delatis, dicere veritatem, dixit per juramentum suum, quòd benè
sunt viginti quinque anni, vel circà, quod fuit récep-
tus Bononiæ, per fratrem Guillelmum, de novis præ-
ceptorem tunc in Lombardiâ, præsentibus fratre Pe-
tro Noutine et fratre Jacobo Bononiæ, tunc præceptoribus, et aliis de quorum nominibus non recolit;
item dixit, per juramentum suum, quod eo recepto,
et post juramentum ab eo præstitum de statutis et
secretis ordinis, et post mantellum sibi positum ad
collum, recipiens traxit eum ad partem, et ostendit
sibi quamdam crucem ligneam, cum imagine crucifixi,
et præcepit sibi quòd abnegaret eum cujus imago erat
ibi, et ter spueret, super crucemque fecit idem frater
Petrus; item dixit, per juramentum, quod recipiens
dixit sibi quòd si temptatio carnis stimularet eum,
quòd ipse benè poterat se commiscere cum fratribus
ordinis sui, et ipsi secum, sine peccato; sed ipse nunquam credidit nec credit, ut dixit; quin hoc sit peccatum horribile, et dixit quòd nunquam commisit illud
peccatum. Item, osculatus fuit recipientem in ore,
in umbilico, et in vili parte inferiore. Item, dixit

13

quòd vidit fratrem Artusium, militem secum, et posteà plures alios fratres dicti ordinis per illum eum-
dem modum recipi in ordine prædicto. Item dixit,
per juramentum suum quòd, vi, vel metu tormentorum, vel aliàs, non dixit aliud quàm veritatem, nec
in præmissis miscuit aliquam falsitatem, sed meram
veritatem dixit pro salute animæ suæ.

Mode de réception des chevaliers du Temple (1).

Biaus seignors freres, vos vées bien, que le plus
cest a corde de faire cestui frere. S'il y avoit nul de
vos, qui seust en lui chose, porquoi il ne deust estre
freres droturierement, si le deist. Car plus bele
chose seroit, quile deist avant, que puis, quil sera
venus devant nos; et se nul ne dit riens, si le doit len
mander querre et metre le en une chambre pres de
chapistre. Et puis li doit len mander deus podes-
homes, ou trois des plus anciens de maison, et que
miaus li saichent mostrer ce qui li covient. Et quant
il sera devant ces, illi doivent bien dire : freres, re-
queres vos la compaignie de la maison. Et se il dit :
oil; illi doivent mostrer les grans durtes de la maison, et les chariables commandemens qui i sont, et
toutes les durtes aussi, qui li sauront mostrer. Et se
il dit, quil soufrira volentiers tout por Dieu, et quil

---

(1) *E codice ms. bibliothecæ Corsiniæ Romæ.
Curante dom. Münter*, 1786.
(Voyez *Christoph Gottlieb von Mur... An-
hange zur Geschichte der tempelherren*. (*Sulz-
bach* 1805.)

veaut être serf et esclaf de la maison a tous jors,
mais tous les jors de sa vie ; et illi doivent demander
se il a femme espouse, ni fiancee, ne se il fist onques
vou ne promission a autre religion, ne se il doit dette
a nul home dou monde qu'il ne puisse paier : et se il
est sain de son cors, quil nail nule maladie reposte :
ne se il est serf de nul home : et se il dit que non, que
il est bien quites de ces choses, li frères doivent entrer en chapistre et dire le au maistre ou a celui qui
tendra son luec : Sire, nos avons parle a cest prodome qui est defors et li avons mostre les durtes de
la maison, sicome nos avons peu et seu ; et il dit
quil veaut estre serf et esclaf de la maison, et de
toutes ces choses que nos li demandames, il en est
quites et delivres ; nen li na nul enpechement que
bien ne puisse et doit estre freres, se a Dieu, et à
vos, et as freres plaist. Et le maistres doit dire de re-
chief, que se il y avoit nul qui y seust autre chose,
que il le deust dire. Quar meaus vaudroit ores que
apres. Et se nul ne dit riens, si doit dire, Voles vos
quen le face venir de par Dieu ? et li prodome di-
ront : faites le venir de part Dieu. Et adonques doivent retorner cil qui parlerent a li, et li doivent demander : J estes vos encores en votre bone volente ?
Et cil dit, oil, illi doivent dire et enseignier, comment il doit requerre la compaignie de la maison.
Cest qu'il doit venir en chapistre, et se doit agenoil-
lier devant celui, qui le tient les mains iointes, et
doit dire : Sire, je sui venus devant Dieu, et devant
vos, et devant les freres, et vos prie et vos requier
por Dieu et por nostre Dame, que vos maccuillies en
vostre compaignie, et en vos bien fais de la maison,
come celui qui tozjors mes veaut estre serf et esclaf de la maison ; et cil qui tient le chapistre, li doit
dire : biau frere, vos requerres muls grant chose ;

quar de nostre religion vous ne vees que l'escorche qui
est par defors : car lescorche si est, que vos nos vees
avoir biaus chevaus, et biaus hernois, et bien boivre,
et bien mangier, et beles robes, et ensi vos semble
que vos fussies mult aise : mais vos ne saves pas les
fors comandemens qui sont pardedens ; quar forte
chose si est, que vos, qui estes sires de vos meismes, que
vos vos facies serf d'autrui ; quar a grant poine ferez
jamais chose que vos veules. Car se vos veulles estre
en la terre de ca mer, len vos mandera de la. Ou se
vos voles estre en Acre len vos mandera en terre de
Triple, ou dAntioche, ou dArmenie, ou len vos
mandera en Puille, ou en Cesice, ou en Lombar-
die, ou en France, ou en Borgoigne, ou en Engle-
terre, ou en pluisors autres terres ou nos avons maisons et possessions. Et se vos voles dormir, on vos
fera veillier, et se vos voles aucunes fois veillier len
vos comandera que vos aillies reposer en vostre lit.
Et cil est frere sergent, et il veulle estre frere de covent,
len li puet dire quen le metra sur un des plus vils mes-
tiers que nos avons, par aventure au four, ou au
molin, ou a la cuisine, ou sur les chameaus, ou sur
la porcherie, ou sur pluisiors autres offices, que nos
avons, et souvent autres durs commandement quen
vos fera. Avant vos seres a la table, que vos voudres
mangier, len vos comandera, que vos ailles ou len
huisouses. Et vos ne nos ne porrions avoir grant da-
maige de chose, que vos nos aies encore dite. Mais
ves ici les saintes evangiles et les saintes paroles notre
Seignor, et des choses, que vos nos demanderons,
vos nos dires verite, quar se vos en menties, vos
en series pariures, et en porries perdre la maison,
dont Dieu vos gart.

Nos premerement vos demandons, si vos aves
feme, espouse nafiance par quoi ele vos peust ne deust

demander par le droit de sainte yglise. Quar se vos en menties, et il avenoit domain, ou plus domain, ou quelque tens, quele venist, et ele vos peust prover que vos fuffies son baron, et vos peust demander par le droit de sainte yglise, len vos osteroit l abit, et vos metroit len en gros fers. Et si vos feroit on laborer avec les esclafs, et quant len vos auroit fait asses de la honte, l'en vos prentroit par le poin, et vos bailleroit len à la feme, et auries perdus la maison a tozjors mais.

Le segonde si est, se vos eussies estes en autre religion, ou vos eussies fait vou ne promission. Quar se vos leussies fait et len vos en poist ataindre, et la religion vos demandast por son frère, len vos osteroit l abit, et rendroit a la religion, et avant vos feroit ben de la honte alles, et auries perdue la compaignie de la maison tozjors mais.

La tierce si est, si vos deussies nule dete a nul home dou monde, que vos ne peusses paier, ou par vos, ou par vos amis; sans riens metre des aumosnes de la maison, len vos osteroit l abit, et rendroit len au detor, et puis ne seroit la maison de riens tenue ne a vos, ne au dettour.

La quatre si est, si vos estes sain de vostre cors, quen vos nait nule maladie reposte fors ce que nos veons pas de fors, et se vos esties proves, ne atains, que vos deussies au siecle avant que vos fussies nostre frere. Vos en porries perdre la maison dont Dieu vos gart.

La quinte est, se vos aves promis ne done à home dou monde, ne a frere dou T., ne a autre, or, ne argent, ne autre chose; parquoi il vos peust aidier de venir en ceste religion, quar ce seroit symonie, ne ne vos porries sauver en nostre maison, se vos en esties atains, ne proves: vos en perdries la compaignie de la maison. Ou se vos esties serf daucun home, et il vos demandoit, len vos rendroit a lui, et auries perdue la maison. Et se il est freres chevaliers, ne li demande riens de ce; mes lon li puet demander se il est fiz de chevalier ou de dame, et que ces peres soit de lignage de chevaliers, et se il est de loial mariage. Et apres li doit len demander, soit freres chevaliers, ou frere sergens, seil est prestres, ne diaques, ne soudiaques, quar se il avoit nules de ces ordres, et ille seroit, il en porroit perdre la maison, et cil est frere sergent, len li doit demander se il est chevalier. Et lon doit lon demander, cil sont escomenie soit frere chevaliers, ou frere sergent, et puis puet demander celui qui tient le chapistre as viels homes de la maison, cil y a autre chose a demander, et cil dient que non, si dira cil qui tient le chapistre : biau frere, de toutes ces demandes que nos vos avons faites, gardies bien que vos nos aves dit verite. Quar ce vos nos avies de riens menti, de nules de ces choses vos en porries perdre la maison, dont Dieu vos gart.

Ores beau frere, or entendes bien ce que nos vos dirons. Vos promettes a Dieu, et a nostre Dame que vos mes tous les jors de vostre vie seres obeissant au maistre dou T., et a quelque commandeor sur vos, et il doit dire : oil sire, si Dieu plaist. Encores promettes vos a Dieu et a madame sainte Marie, que vos mes tous les jors de vostre vie vivres chastement de vostre cors, et il doit dire : oil sire, se Dieu plaist. Encores prometes vos a Dieu et a nostre dame sainte Marie, que vos tous les jors mes de vostre vie, les bons *us* et les bones costumes de nostre maison, celes qui i sont, et celes que le maistre et li proudomes de la maison i metront tendres. Et il doit dire : oil se Dieu plaist, sire. Encores prometes vos a Dieu et a madame sainte Marie, que vos tous les jors mes de vostre

vie, aideres a conquerré a la force et au pooir que
Dieu vos a done, la sainte terre de Iérusalem, et celle
que crestien tienent, aideres a garder et a sauver a
votre pooir. Et il doit dire : oil, sire, se Dieu plaist.
Encores prometes vos a Dieu et a madame sainte
Marie, que jamais ceste religion ne laures por plus
fort ne por plus foibles, ne por pior, ne por meil-
lor, se vos ne le facies par le congie dou maistre, et
dou couvent qui ont le pooir, et il doit dire : oil, sire,
se Dieu plaist. Encores prometes vos a Dieu et a madame sainte Marie, que vos jamais ne seres en luec,
ni en place, ou nul crestiens soient deserites a tort ni
a desraison de soes choses, ne par vostre force ne par
vostre conseill; et il doit dire : oil, sire, se Dieu plaist.
Et nos de par Dieu, et de par nostre dame sainte Marie,
et de par monseignor saint Pierre de Rome, et de par
nostre père l'Apostoile et de par tos esfreres du T.,
si vos accuillons à tos les biens fais de la maison, qui
ont este fais des le comencement, et qui seront fais
jusques a la fin. Et vos, et vostre pere, et vostre mere,
et tous ces qui vos vorres accuillir du vostre lignage.
Et vos aussi nos accuillies en tous les biens fais que vos
aves fais et feres. Et si vos prometons dou pain et dou
laigne, et de la pouvre robe de la maison, et de la
poine, et du travail asses. Et puis cil qui tient le chapistre doit prendre le mantel, et li doit metre au col,
et estreindre les las. Et le frere chapelain doit le saume
dire que vient.

Ecce quam bonum. Et lorison dou saint Esprit, et
chascun des freres doit dire le Pater noster, et celui
qui le fait frère, le doit lever sus et baisier en la bouche;
et est use que les freres chapelain le baisent aussi : et
purs cil qui le fait frere, le doit faire seir devant li,
et doit dire : biau frere, nostre sire vos a amene a
vostre desirer et vos amis en ensi bele compaignie,

come est la chevalerie dou T., parquoi vos deves metre grant poine en vos garder que vos ne facies jamais chose, porquoi illa vos conveigne perdre, dont Dieu vos gart. Et nos vos dirons aucunes de celes choses de qui nos remembrera de la faille de la maison et de l abit apres, etc..... Nul frère dou T. por quant que il soit gentilshoms, seil nest chevaliers, devant que li habit li soit done dou T., puisque il ait receu labit, ne puet jamais estre chevalier, ne porter mantel blanc si ne fust tel qui fust evesque ou de qui ensus, ensicome il a este retrait dessus. (*i e. archiepiscopus aut patriarcha.*)

FIN.

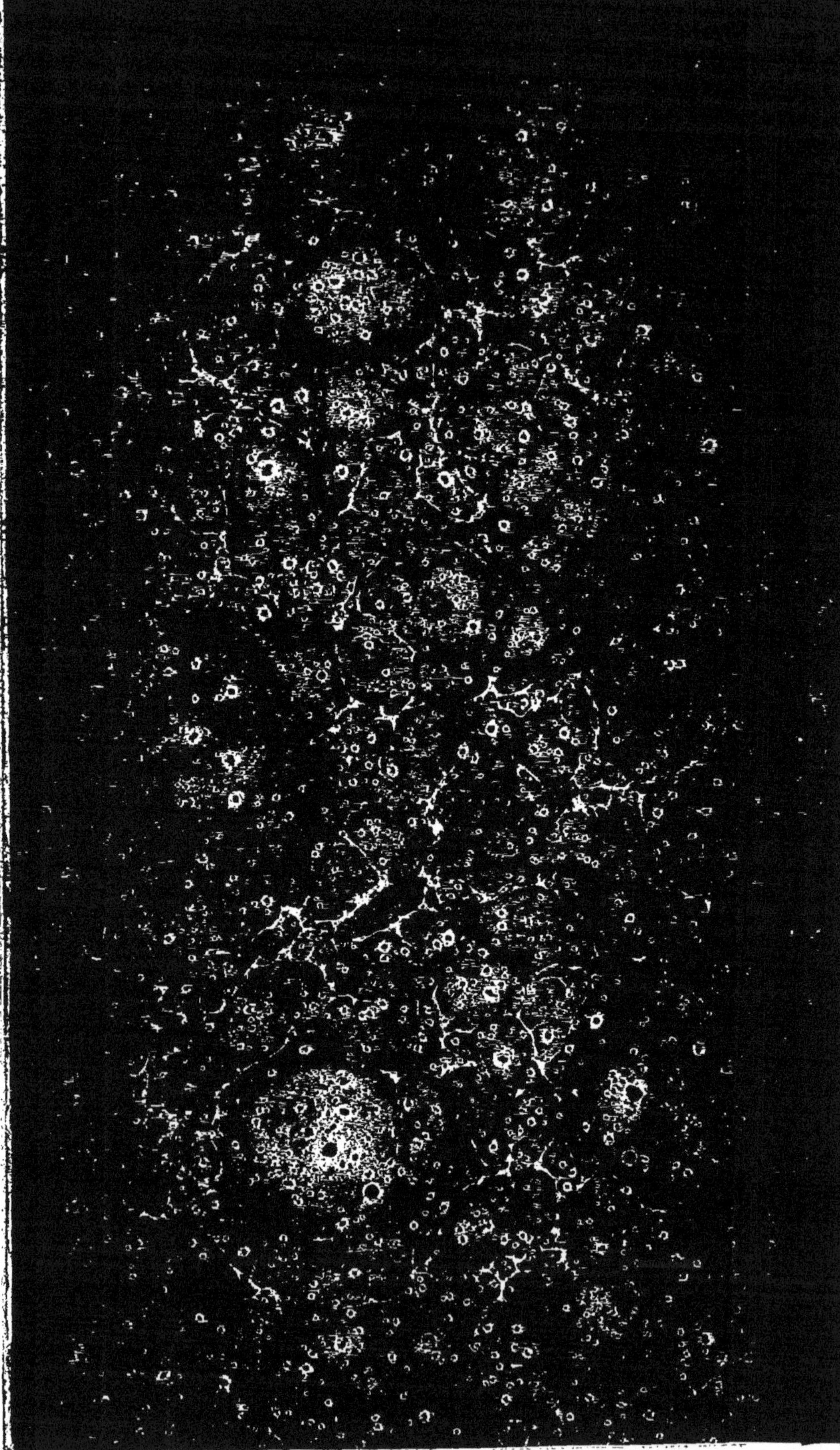

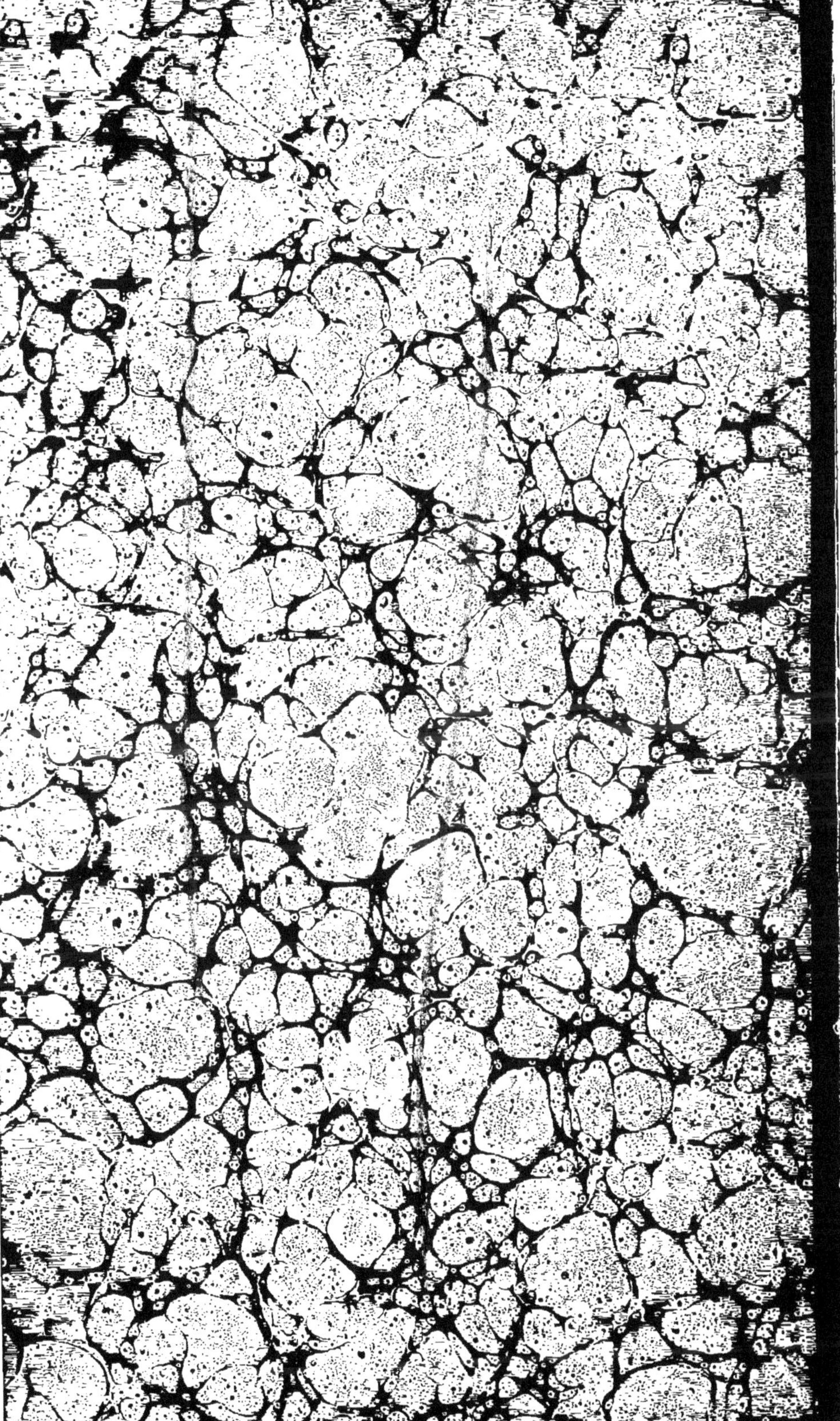